これからの病院経営を担う人材

医療経営士テキスト

第3版

病院の仕組み／
各種団体、学会の成り立ち

内部構造と外部環境の基礎知識

初 級

木村憲洋 編著

4

日本医療企画

はじめに

　病院経営とは、何であろうか？　診療報酬なのだろうか？　それとも人の管理であろうか？　近年の医師不足や看護師不足は、病院経営を人の管理のみの企業体と思わせるような状況に陥れ、診療報酬改定は、情報の後追いが重要だとマスコミから洗脳されようとしている。確かに、人材管理は重要であり、診療報酬改定も重要であるが、病院経営とはそればかりではない。

　病院経営については、一般的な経営学で対処できるものではないことがわかってきている。さまざまな種類の医療機関があり、さまざまな医療従事者、1万程度の疾患、診療報酬点数表は6,000以上の項目があり、薬価表には数万の薬剤が掲載されている。これらが医療機関におけるリソースであり、商品であるというのが、病院経営について考える際の源泉である。

　これらについて、すべて知ることが理想であるが、実質的には、そんなことは不可能である。そこで、いかに効率的に知識を仕入れ活用するかが、病院経営における企画の策定や判断にとって有用なこととなる。

　本書では、初心者が病院経営・運営を知るうえで必要となる知識として、病院の内部と外部の構造を中心に構成されており、医療機関に勤めている方が読んでも満足いただける内容となっている。病院の内部に存在する部門や委員会、最低限知っておかなければならない法律的な知識、外部に存在する周辺ビジネスや医療機関、介護施設、団体、協会、学会などの最低限の知識についての概要を、短く簡潔にまとめている。幅広い知識を取得することは、経営における問題解決において重要な糸口となる。

　本書の特徴は、医療機関の経営を担ううえで知っておくべき項目を中心に、病院の視点で書かれている点である。医療機関の経営においては、近隣の医療機関や国、自治体、医師会や病院協会との付き合い方を決めておく必要がある。また、医療周辺ビジネスとの連携やコラボレーションは、今後の医療機関の生き残りには不可欠となっている。医療機関と一般企業との慣習や商慣行の違いについては、相手を知ることで、よりよい関係性へとつながっていくだろう。

　今後、医療機関で管理職となる人や管理部門での活躍をめざす方に、ぜひ本書を活用していただきたい。

　執筆にあたっては、あきる台病院の井村健司氏、榊原記念病院の佐藤譲氏、リーガル・アカウンティング・パートナーズの水本昌克氏に多大な協力をいただいた。

木村　憲洋

目 次
contents

はじめに ……………………………………………………………………………… iii

第1章 病院の基礎知識 …………… 1

1 病院の定義 ……………………………………………… 2
2 医療従事者の種類と資格 …………………………… 5
3 病院の収支構造 ……………………………………… 9
4 診療報酬の算定 ……………………………………… 13
5 医療と法律 …………………………………………… 18

第2章 病院の機能 …………… 25

1 医療機関の機能分化と連携 ……………………… 26
2 診察と治療の流れ ………………………………… 32
3 病院のおもな機能 ………………………………… 34

第3章 病院の組織 …………… 39

1 病院組織の特徴 …………………………………… 40
2 診療部門（診療科・医局） ……………………… 44
3 看護部門（看護部） ……………………………… 49
4 その他のメディカルスタッフ部門 ……………… 53
5 管理部門 …………………………………………… 62

第4章 病院内の委員会 67

1 委員会の意義と役割 68
2 さまざまな委員会（その1）...... 70
3 さまざまな委員会（その2）...... 75

第5章 病院関連施設 81

1 介護施設・事業所 82
2 保険薬局 88

第6章 医療関連官公庁 95

1 病院と官公庁とのかかわり 96
2 国の組織 97
3 地方公共団体の組織 100

第7章 医療関連団体 105

1 医療関連団体について 106
2 さまざまな医療関連団体（個人加盟団体）...... 108
3 さまざまな医療関連団体（法人加盟団体）...... 111

第8章 学会組織 ……………………………………………… 117

1 学会について ……………………………………………… 118
2 さまざまな学会 …………………………………………… 120

第9章 医療関連ビジネス ……………………………… 127

1 医療関連ビジネスについて ……………………………… 128
2 医療関連ビジネス（製品提供）………………………… 131
3 医療関連ビジネス（経営サポートなど）……………… 134
4 医療関連ビジネス（業務代行）………………………… 137

【コラム】ナース・プラクティショナーと診療看護師（仮称）……… 51

索　引 ………………………………………………………… 144

第1章
病院の基礎知識

1 病院の定義
2 医療従事者の種類と資格
3 病院の収支構造
4 診療報酬の算定
5 医療と法律

第1章　病院の基礎知識

 病院の定義

1　病院とは何か

　医療提供施設には、病院、診療所、介護老人保健施設、助産所、調剤を行う薬局などがある。そのうち医療機関と呼ばれる病院、診療所について、医療法は「医師又は歯科医師が、公衆又は特定多数人のため医業又は歯科医業を行う場所」と定義している。

　また同法は、病院の目的について「病院は、傷病者が、科学的でかつ適正な診療を受けることができる便宜を与えることを主たる目的として組織され、かつ、運営されるものでなければならない」と規定している。

　さらに、「20人以上の患者を入院させるための施設を有するもの」を病院と定義しており、これに対し、病床数が19床以下のものを診療所という。診療所には「医院」「クリニック」などの名称がつけられていることが多く、病床を有するものは有床診療所、そうでないものは無床診療所と呼ぶ。

　病院を示す英単語「hospital」は「傷病者や病人の収容施設」という意味があり、「hotel」と語源が同じである。明治以降、「hospital」の和訳として「病院」という言葉が使われるようになった。このことからもわかるように、病院は病床に患者を収容して診療行為を行うことが基本であり、その機能や期待される役割は診療所とは基本的に異なるものである。

　医師は原則として自由に開業することができ、診療所の開設には許可を必要としない（届出制）。ただし、病院の開設には、一定の要件を満たしたうえで都道府県知事の許可を得る必要がある（許認可制）。また、医療を受ける側は、どの医療機関でも自由に受診することができ、その利用料金は診療報酬というかたちで国によって定められている。このような特徴を持つ日本の医療システムにおいては、病院の様態は概ね全国で統一されている。

2　病院数の推移

　日本には現在、約18万1,000か所の医療機関が存在する。約8,400か所が病院、約10万1,500か所が一般診療所、約6万8,900か所が歯科診療所である（厚生労働省「平成28年（2016）医療施設（動態）調査・病院報告の概況」）。

　日本の病院数は、老人医療費の無料化などの影響を受けて過剰な増設が行われ、1990（平

成2）年には1万か所を超えた。1985（昭和60）年の第一次医療法改正において制度化された「医療計画」によって病床数の増加が規制され始め、"駆け込み増床"による一時的な増設を経て、その後は減少傾向のまま推移している。2001（平成13）年の第四次医療法改正においても、より厳しく病床数を削減していく方向性が示された。医療業界においても、市場における需要と供給の均衡をいかに図っていくかが課題となっている。

3 病院の分類

(1)病床の種類による分類

病院に設置されている病床は、2001（平成13）年の第四次医療法改正により、**表1**の5種類となっている。一般的に病院はその有する病床によって、一般病院、精神科病院、感染症病院、療養型病院、結核療養所(結核病院)と呼ばれることがある。また、入院期間が長期にわたる精神科病院及び療養型病院は、収容型病院とも呼ばれる。

表1　病床の種類と役割

病床の種類	役　　割
一般病床	下記の4類型以外の病床で、具体的には急性期（発症直後から、安定し回復するまで）診療を行うとされている病床。
療養病床	主として長期にわたって療養を必要とする患者を入院させるための病床。医療保険の対象になる医療療養病床と、介護保険の対象になる介護療養病床（2023年度末廃止予定）がある
精神病床	精神疾患を有する患者を入院させるための病床
結核病床	結核の患者を入院させるための病床
感染症病床	感染症の予防及び感染症の患者に対する医療に関する法律（感染症予防法）に規定する1類感染症、2類感染症、指定感染症及び新感染症の患者を入院させるための病床

(2)病床数による分類

・地域中核型病院（200床以上）

地域医療の中核的役割を担う、いわゆる総合病院である。急性期医療の提供を主な目的とするもので、一般的に平均在院日数は20日以内と短い。重度の疾患や救急医療などの高度医療を行う。後述する地域医療支援病院は、この中に入る。

・一般病院（50〜200床）

身近な病院として内科や小児科などの一般的な診療を行う地域密着型の病院。病院と診療所の役割分担が進められていく中で、ポジショニングがあいまいな病院形態といえる。

第1章　病院の基礎知識

・外来型病院(20～50床)

　小規模で外来を中心とする地域密着型の病院。整形外科、眼科、耳鼻咽喉科の単科病院などが多い。

▌(3)開設者による分類

　病院経営はさまざまな母体によって行われている。医療法人が開設者となっている病院が全体の6割以上を占める。この他、病院の開設者には、国や地方公共団体、社会保険関係団体、公益法人、社会福祉法人、学校法人、個人などがある。

　日本における病院の発達は、診療所から小規模、そして総合病院へと徐々に規模拡大を図る私立病院が地域の医療を主導し、公立病院は、その不足部分を補填する役割を果たしてきた。がんセンターや小児医療センターなどの専門病院も、私立病院では採算が取りにくい分野を補う意味で設置された公立病院であることが多い。

　現在は医療法において「医療の非営利性」が求められており、原則として営利企業が医療機関を開設することはできない。例外的に、法律による医療の営利企業による規制がなされる前に設立された福利厚生を目的として病院を設立した一部企業と、特殊法人が管轄していた病院を引き継いだJR、NTT、日本郵政などが設立した病院が存在しているのみである。しかし、医療における市場規模は非常に大きく、病院の周辺にはさまざまな医療関連サービスが存在し、そこには多くの営利企業がかかわっている。

病院の定義 **❶**／医療従事者の種類と資格 **❷**

② 医療従事者の種類と資格

1 病院の職員

　病院スタッフのうち、医療行為に携わる医師、看護師、薬剤師、臨床検査技師、助産師などはメディカルスタッフ、その医療行為に伴う事務や管理業務の担当者は事務スタッフと呼ばれることが多い。病院における診療は、医師の診療を中心に、メディカルスタッフと事務スタッフが連携・協力して行う。

・メディカルスタッフ

　病院では、さまざまな有資格者がそれぞれの専門性を発揮し、質の高い安全な医療の提供に努めている。メディカルスタッフの主な職種として、医師、看護師、薬剤師、臨床検査技師、診療放射線技師、理学療法士、作業療法士、言語聴覚士、臨床心理士、社会福祉士、精神保健福祉士、診療情報管理士、臨床工学技士、管理栄養士、調理師などがある。さらに、歯科医師、歯科衛生士、歯科技工士、保健師、助産師、准看護師、視能訓練士、義肢装具士、救急救命士、栄養士、健康運動指導士、あん摩マッサージ指圧師、はり師、きゅう師、柔道整復師、介護支援専門員などを加えると、病院やその関係機関で医療に携わる職種は30種以上にのぼる。

・事務スタッフ

　事務スタッフの役割は、診療や入院などの受付業務、診療費の計算などの医療事務、カルテの管理や電子カルテの運用などの診療情報管理や患者サービス向上などの運営管理などである。メディカルスタッフのほとんどが資格のもとに業務を行うのに対し、事務スタッフの多くは資格がなくても従事することができる。

2 医療関連の資格

　医療行為にはさまざまな専門知識や能力が必要とされるため、メディカルスタッフの仕事は、ほとんどが国家資格化されている。また、民間資格を取得していることで採用時などに有利になるものもある（表２、３）。

医療経営士●初級テキスト4　5

第1章　病院の基礎知識

・診療・薬剤の資格

　医師、歯科医師、薬剤師は国家資格である。取得するためには、大学の医学部・歯学部・薬学部を卒業したうえで、国家試験に合格する必要がある。

・検査の資格

　臨床検査技師、診療放射線技師は国家資格である。指定の大学または養成所を卒業したうえで、国家試験に合格する必要がある。

表2　医療関連職種の主な業務

職種	業務
医師	医業といわれる医療行為
保健師	保健指導といわれる予防活動など
助産師	助産または妊婦、じょく婦もしくは新生児の保健指導
看護師	傷病者もしくはじょく婦に対する療養上の世話または診療の補助
臨床検査技師	医師の指導監督のもとに、微生物学的検査、血清学的検査、血液学的検査、病理学的検査、寄生虫学的検査、生化学的検査及び政令で定める生理学的検査を行う
診療放射線技師	医師または歯科医師の指示のもとに人体への放射線照射を行う
理学療法士	身体に障害のある者に対し、主としてその基本的動作能力の回復を図るため、治療体操その他の運動を行わせ、及び電気刺激、マッサージ、温熱その他の物理的手段を加える
作業療法士	身体または精神に障害のある者に対し、主としてその応用的動作能力または社会的適応能力回復のため、手芸、工作その他の作業を行わせる
視能訓練士	両眼視機能に障害のある者に対するその両眼視機能の回復のための矯正訓練及びこれに必要な検査を行う
言語聴覚士	音声機能、言語機能または聴覚に障害のある者についてその機能の維持向上を図るため、言語訓練その他の訓練、これに必要な検査及び助言、指導その他の援助を行う
臨床工学技士	生命維持管理装置の操作及び保守点検を行う
歯科医師	歯科医業といわれる歯科医療行為
歯科衛生士	歯科医師の指導の下に、歯牙及び口腔疾患の予防措置として歯牙露出面及び正常な歯茎の遊離線下の付着物などを機械的操作によって除去したり、歯牙などに薬物を塗布する
歯科技工士	歯科医療の用に供する補てつ物、充てん物または矯正装置の作成、修理、加工を行う
義肢装具士	義肢・装具の装着部位の採型、義肢・装具の製作、身体への適合を行う
救急救命士	症状が著しく悪化するおそれがあり、又はその危険な状態にある傷病者が病院などに搬送されるまでの間に、気道の確保、心拍の回復その他の処置であって、症状の著しい悪化を防止し、又はその生命の危険を回避するために緊急に必要なものを行う
公認心理師	保健医療、福祉、教育その他の分野において、心理学に関する専門知識及び技術をもって、心理に関する支援を要する者の心理状態の観察、その結果の分析等を行う

医療従事者の種類と資格 ❷

・看護系の資格

　看護師、助産師、保健師は国家資格である。看護師は、指定の大学や看護学校を卒業したうえで試験に合格する必要がある。准看護師は、都道府県知事により免許が与えられる。

・リハビリテーションの資格

　作業療法士、理学療法士、言語聴覚士、視能訓練士、義肢装具士は国家資格である。指定の養成所を卒業後、試験に合格する必要がある。

・事務系の資格

　事務系の資格は、民間資格を中心として構成されている。現場の事務における資格は、診療情報管理士や医療事務に関する資格が存在する。また、ビジネスやコンピュータ系の資格としてITパスポート、医療系ITの資格として医療情報技師がある。

表3　医療関連の主な資格

診療・検査・薬剤系の資格			
医師	国家資格	臨床検査技師	国家資格
歯科医師	国家資格	診療放射線技師	国家資格
薬剤師	国家資格		
看護・救急・リハビリ系の資格			
看護師	国家資格	理学療法士	国家資格
助産師	国家資格	言語聴覚士	国家資格
救急救命士	国家資格	視能訓練士	国家資格
作業療法士	国家資格	義肢装具士	国家資格
事務系の資格			
メディカルクラーク	民間資格	医療情報技師	民間資格
医療事務管理士	民間資格	医療経営士	民間資格
診療情報管理士	民間資格	ITパスポート試験	国家資格
医療秘書技能検定	民間資格	診療報酬請求事務能力認定試験	民間資格
医療コンシェルジュ	民間資格	簿記検定	民間資格

医療経営士●初級テキスト4

3 管理者

　組織には、全体の方向性を見定め、運営方針を意思決定する者が存在する。民間病院の場合、経営や運営についての意思決定は理事長や院長が行うことが多い。理事長とは理事会の長であり、理事会は株式会社でいう取締役会に相当する。

　医療で重要なのはいうまでもなく患者の治療であるが、診療行為の1つひとつは病院全体の活動からみれば、ごく一部に過ぎない。患者や医療スタッフは、診療行為（図1-A）を中心に考えて行動することが多いのだが、医療経営においては組織全体（図1-B）を俯瞰する視野の広さが必要である。まれに管理者サイドと医療従事者の間には意見の対立が起こることもある。なぜなら病院の存続を図らねばならない管理者にとって、患者の治療を最優先させることは経営効率の面で矛盾することもあるからだ。そのような両者の立場を理解し、病院がその使命を存分に果たせるよう、調整役となることが医療経営士には求められている。

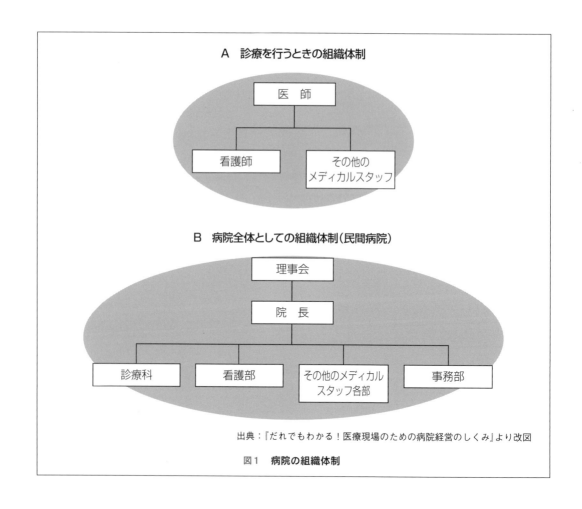

出典：『だれでもわかる！医療現場のための病院経営のしくみ』より改図

図1　病院の組織体制

③ 病院の収支構造

1 収支構造

　病院の収入は、ほとんどが患者への医療行為の対価として得られる診療報酬の収益であり、外来収入、入院収入、その他の収入に分けられる。その他の収入としては、人間ドックや健康診断、製薬会社などから受託する治験などから得る収入がある。また、病院によっては、人材育成費、寄付金、助成金、資産運用による収益などが計上される。

　これに対し、支出の半分程度が人件費といわれている。他に医薬品などの購入費、医療機器や備品などの設備投資費、水道光熱費などの施設運営費、アウトソーシング（外部委託）費、研修・研究費などがある。人件費を圧縮するために、医療事務部門や給食サービスなどの外部委託化を進めている病院では、外部委託費率が高くなっている。

　病院の支出の中心は人件費であり、効率的な人材育成と、適正な人材配置が病院の収支を黒字にするか赤字にするかの分かれ目となる。

2 診療報酬の基本

　医療保険制度においては、保険適用となるすべての医療行為について、診療報酬が定められている。つまり、診療報酬が定められていない医療行為は保険が適用されない。

　保険適用されない医療行為については、基本的に病院が各自で報酬を定める。この報酬は自由診療（自費診療）として患者が全額負担することになる。厚生労働省に認可され新たに保険適用となる医療行為の名称や診療報酬は、官報で告示される。

　診療報酬は、厚生労働大臣の諮問機関である中央社会保険医療協議会により協議され、厚生労働大臣により定められる。診療報酬が見直されるのは2年に一度で、これは診療報酬改定と呼ばれる。

　厚生労働省「医療経済実態調査」などをみると、病院の収入は9割以上が保険診療によるものである。このため、病院経営者は診療報酬改定のたびに一喜一憂することとなる。「病院経営は医療政策次第」といわれるが、これは病院経営が公的保険による収益で成り立っており、その価格設定となる診療報酬を国が定めているからである。

　なお、診療報酬には、医科診療報酬点数表、歯科診療報酬点数表、調剤診療報酬点数表

の3種がある。点数表といっても項目数は膨大で、それぞれが1冊の本ほどの厚みになる。

3 診療報酬の構造

診療報酬は、図2のとおり基本診療料と特掲診療料により構成されている。

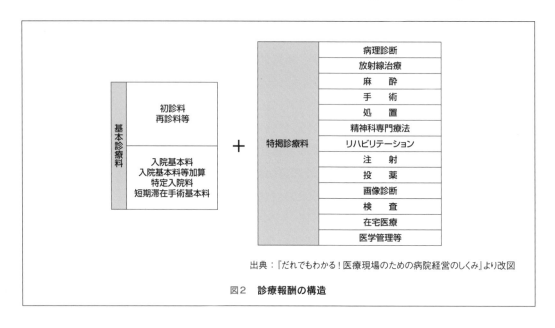

図2 診療報酬の構造

(1)基本診療料

基本診療料は1日に一度だけ算定できる基本料金のようなもので、基本的に外来か入院かで点数が異なる。初診料・再診料、入院料等（入院基本料、入院基本料等加算、特定入院料、短期滞在手術基本料）があり、医療機関の規模や病床の他、平均在院日数などの条件によって算定できる点数が異なる。

入院基本料は、看護配置（看護職員1人当たりの患者数）が手厚く、患者の平均在院日数が短いほど、高い診療報酬が設定されている。

(2)特掲診療料

特掲診療料には医学管理等、在宅医療、検査、画像診断、投薬、注射、リハビリテーション、精神科専門療法、処置、手術、麻酔、放射線治療、病理診断の13項目があり、診療の内容によって出来高で算定する仕組みになっている。病理診断は、2008（平成20）年度診療報酬改定においてその重要性が認められ、検査から独立した項目となったものである。

病院の収支構造 ❸

表4　医療保険の給付と診療報酬の対照

「療養の給付」の給付内容	診療報酬上の項目
①診察	初診料や再診料など
②薬剤または治療材料	特掲診療料の各診療報酬項目に付随する薬剤料や治療材料料
③処置、手術その他の治療	処置料や手術料、注射料など
④居宅における療養上の管理及びその療養に伴う世話その他の看護	在宅医療
⑤病院または診療所への入院及びその療養に伴う世話その他の看護	入院基本料など

4　病院経営においておさえておくべきポイント

■（1）公定価格の意味

　国が医療の価格設定を行うことにはメリット、デメリットがある。公定価格であれば、市場原理に任せることで医療の質が落ちることを防げるが、急な方針転換に振り回されて医療業界が打撃を受けることもある。

　病院経営において診療報酬が重要なのは、診療報酬により定められた点数が医療サービスの提供価格として病院の収入に直結しているからである。しかし、病院経営にかかわる者は、診療報酬を単に収入源としてみるのではなく、診療報酬改定が医療に対する国の方針を示すものであることを念頭に入れておかなくてはならない。そこには社会的な背景の移り変わりが反映されているのである。

　現在の医療政策の方向性は、医療費の効率的な配分が最重要課題となっている。診療報酬は「外来患者は大病院ではなく診療所へ」「病院の機能分化」「患者の早期社会復帰」といった流れを後押しする内容となっていることを覚えておきたい。

■（2）支払い方式

　支払い方式には次の2つがある。

・出来高払い方式

　診療行為それぞれに点数を定め、それらをすべて足した合計により診療報酬が算定される。個々に点数を定めるため細分化され、診療報酬点数の項目数は現在、数千項目に及んでいる。

・包括払い方式

　1回、1日、1か月といった単位で、検査、注射、投薬などいくつかの項目をまとめて

医療経営士●初級テキスト4　11

第1章　病院の基礎知識

1つの点数を設定する。あるいは、ある疾患の治療に必要な診療を包括し、疾患ごとに基本の点数を設定する。すでに急性期医療については一般病棟でのDPC[*1]の導入が始まっている。算定条件が簡素化されて会計が明瞭になり、算定に伴う事務員の手間も軽減されるが、診療の中身が問われないため医療の質が落ちるという懸念がある。

　これまでの診療報酬は、特掲診療料を出来高払いとしてきたことで「医療の質を担保してきた」との意見がある一方、「不必要な検査や過剰請求などの不正を招く」と懸念されてもいる。そこで近年、アメリカに代表される疾病群による入院包括払い方式の研究が行われてきた。保険財源の危機的な状況が迫りつつある日本では、この方式の導入による医療費削減の効果が期待されている。

■（3）領収証と明細書の発行

　2006（平成18）年度診療報酬改定において、保険診療を行う医療機関に対し、領収証の発行が義務づけられた。厚生労働省が示した様式では、診療の大きな分類ごとに医療費がわかるようになっている。どのような薬剤を使用したかなど具体的な診療内容についても、患者の求めに応じて、診療明細書を発行する努力義務が課せられている。これも過剰請求を防ぐ1つの方策である。

　2010（平成22）年度診療報酬改定において明細書の発行が義務付けられたのは、レセプトを電子請求している医療機関や薬局で、原則として全患者への無償発行が求められている。

　これに対し、電子請求が義務付けられていても、「明細書の発行機能がないレセプトコンピューターを使用している」「明細書を発行するのに自動入金機の改修が必要」といった「正当な理由」があったり、レセプトの電子請求自体が義務付けられていなかったりする場合には、明細書の無償発行も義務化の対象外になる。ただし、「正当な理由」がある医療機関や薬局でも、患者の求めがあれば明細書を発行しなくてはならない。

　事務連絡によると、明細書の発行が義務付けられた医療機関や薬局では、「明細書を発行する旨」を院内掲示することになっている。

　一方、電子請求が義務付けられているが、明細書の無償発行を行わない「正当な理由」がある場合には、▽「正当な理由」に該当する▽明細書を希望する患者には発行する——旨を掲示する。また、明細書を発行する場合の手続きや費用徴収の有無、費用を徴収する場合の金額の掲示も求めている。

　電子請求が義務付けられておらず、明細書の原則無償発行が義務付けられていない場合には、発行の有無のほか、発行する場合の手続きや費用徴収の有無、費用を徴収する場合の金額を院内掲示する。

＊1　DPC：Diagnosis Procedure Combination の略。1日を単位とする疾病別の包括評価（投薬、注射、入院など）と、出来高評価（手術、麻酔など）を組み合わせる方式。

医療経営士●初級テキスト4

診療報酬の算定

1　1点＝10円が基本

　診療報酬の単位は点数で表され、1点＝10円が基本単位である。例えば、初診料270点は、270点×10円＝2,700円となる。また、患者はこのうちの自己負担分を支払うことになり、自己負担分が3割であれば、初診料の自己負担は2,700円×0.3＝810円となる。診療報酬は1か月単位で集計され、各医療保険の保険者から病院に支払われる。

2　算定基準

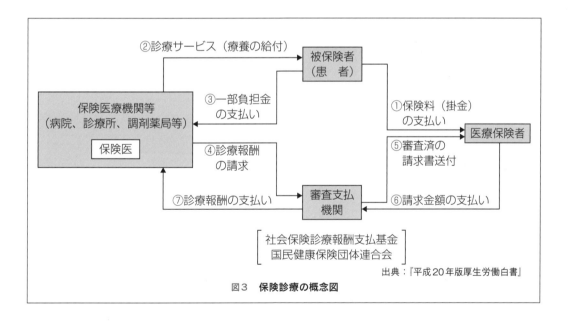

図3　保険診療の概念図
出典：『平成20年版厚生労働白書』

　診療報酬の各項目には細かい算定条件がいくつも設定されており、必要な条件をすべて満たしていれば、規定の点数を算定することができる。算定条件には大きく分けて、病院の施設や人員、設備といった病院の構造に関するものと、医療行為の中身や回数、所要時間といった医療従事者の技能に関するものとがある。

第1章　病院の基礎知識

例えば、再診料は診療所、病院とも72点である。一般病床が200床以上の病院では、再診料ではなく外来診療料（73点）を算定することになり、この中には簡単な検査や処置が包括されていて個別に算定できないようになっている。また、医学管理等には、医師が行うもの、看護師が行うもの、管理栄養士が行うもの、といった区分がなされ、それぞれ点数が異なっている。

さらに、診療時間や地域、患者の年齢や病態、設備・機器の整備状況といったさまざまな条件により、それぞれ基本となる点数に対するさまざまな加算項目が設けられている。

3　入院料の算定方法

入院料は、入院時に毎日算定できる基本点数であり、入院基本料、入院基本料等加算、特定入院料、短期滞在手術基本料に分けられる。短期滞在手術基本料は、日帰り手術をイメージした入院基本料である。

(1) 入院基本料

入院基本料等は、病院が患者を入院させた際に、看護サービスのほか、医師の基本的な診療行為、入院環境（病室、寝具、浴室、食堂、冷暖房、光熱水道など）を提供する対価となるものである。入院基本料は、病院や病床の種類と人員配置、平均在院日数によって定められており、病院はそのいずれに適合するかを各都道府県の社会保険事務局に届出、その入院基本料を算定する。

2018（平成30）年度診療報酬改定では、これまで看護師の配置により7対1[*1]や10対1、13対1、15対1と定められていた一般病棟入院基本料が再編・統合され、急性期一般入院基本料（7段階）と地域一般入院基本料（3段階）に分けられた（表5）。点数を細分化し、中間的な評価を設けることによって、病院が将来の医療ニーズの変化に円滑かつ弾力的に対応できるようにすることが狙いとされている。

(2) 入院基本料等加算

入院基本料には、看護配置等以外の部分に対する評価として、さまざまな加算項目が設けられている（表6）。それぞれ条件を満たしていれば、病院ごとの入院基本料にいくつも上乗せして算定することができる。

診療報酬点数と施設基準はとても重要な関係にある。それは、診療報酬点数が病院の収入を左右するためである。現在の診療報酬制度では、施設の基準を満たすことで診療報酬点数の加算や高い点数を算定することができるが、そのためには人材の配置や設備が整っ

---

*1　7対1：1日24時間を平均して、患者7人に対して1人の看護職が勤務していること。

14　医療経営士●初級テキスト4

表5　急性期一般入院基本料と地域一般入院基本料

	入院料	看護師配置	1日の点数
急性期一般入院基本料	入院料1	7対1	1,591点
	入院料2	10対1	1,561点
	入院料3	10対1	1,491点
	入院料4	10対1	1,387点
	入院料5	10対1	1,377点
	入院料6	10対1	1,357点
	入院料7	10対1	1,332点
地域一般入院基本料	入院料1	13対1	1,126点
	入院料2	13対1	1,121点
	入院料3	15対1	960点

ていることが条件となる。

　ただし、すべての点数がそこに投入された人的な資源や投資に見合うわけではない。100点（1,000円）の加算を算定するために1,500円かけなければならない場合もある。そこで、採算が悪い加算の算定が適切かどうかを見極めることも医療機関の経営であるといえるだろう。それは、病院の方向性が「（医療の）質の向上」であれば、たとえ投資効果が悪い加算であったとしても算定していく必要があるからだ。医療機関の経営では、この部分の判断が難しいといえる。

▍(3)特定入院料

　特定入院料は、入院基本料とは別に、病棟や病室の持つ特有の機能や、特定の疾患等に対する入院医療などを評価するために、19種類が定められており、包括払いになっている病棟が多いのが特徴である。救命救急入院料、特定集中治療室[*2]管理料、ハイケアユニット入院医療管理料、脳卒中ケアユニット入院医療管理料、新生児特定集中治療室管理料、総合周産期特定集中治療室管理料、小児入院医療管理料、地域包括ケア病棟入院料、回復期リハビリテーション病棟入院料、緩和ケア病棟入院料などがある。

＊2　特定集中治療室：ICU（集中治療室：Intensive Care Unit）やCCU（冠状動脈疾患管理室：Coronary Care Unit）が該当する。ICUは手術直後や重篤な急性機能不全の患者を収容し、強力かつ集中的に治療看護を行う。CCUは心筋梗塞などの冠状動脈疾患における急性危機状態の患者を収容し、厳重な監視モニターのもとで持続的な管理を行う。

第1章　病院の基礎知識

表6　入院基本料等加算一覧表(抜粋)

○　算定可（特定入院料は、包括されず別途算定可という意味）
×　算定不可（特定入院料は、包括されており別途算定不可という意味）
◎　50対1補助体制加算、75対1補助体制加算及び100対1補助体制加算に限る
①　医師事務作業補助体制加算1に限る
●　難病患者等入院診療加算に限る
★　看護配置等による制限あり

入院基本料等加算	一般		療養	結核	精神	特定機能病院			専門	障害	有床診	
	急性期	地域				一般	結核	精神			一般	療養
総合入院体制加算	○	○	×	×	×	×	×	×	×	×	×	×
地域医療支援病院入院診療加算	○	○	○	○	○	×	×	×	×	×	×	×
臨床研修病院入院診療加算	○	○	○	○	○	○	○	○	○	○	×	×
救急医療管理加算	○	○	×	○	○	○	○	○	×	○	○	×
超急性期脳卒中加算	○	○	×	×	×	○	×	×	○	○	×	×
妊産婦緊急搬送入院加算	○	○	○	○	○	○	○	○	○	○	○	○
在宅患者緊急入院診療加算	○	○	○	○	○	○	○	○	○	○	○	○
診療録管理体制加算	○	○	○	○	○	○	○	○	○	○	○	○
医師事務作業補助体制加算	○	○	◎	×	◎	①	①	①	○	○	×	×
急性期看護補助体制加算	○*1	×	×	×	×	★	×	×	★	×	×	×
看護職員夜間配置加算	○*1	×	×	×	×	★	×	×	★	×	×	×
乳幼児加算・幼児加算	○	○	○	○	○	○	○	○	○	○	○	○
難病等特別入院診療加算	○	○	×	●	○	○	●	○	●	●	●	×
特殊疾患入院施設管理加算	×	×	×	×	×	×	×	×	○	○	×	×
超重症児(者)入院診療加算・準超重症児(者)入院診療加算	○	○	○	○	○	○	○	○	○	○	○	○
看護配置加算	×	×*2	×	★	★	×	×	×	×	★	×	×
看護補助加算	×	★*2	×	★	★	×	★	★	★	★	×	×
地域加算	○	○	○	○	○	○	○	○	○	○	○	○
離島加算	○	○	○	○	○	○	○	○	○	○	○	○
療養環境加算	○	○	×	○	○	○	○	○	○	○	○	○
HIV感染者療養環境特別加算	○	○	○	○	○	○	○	○	○	○	○	○
二類感染症患者療養環境特別加算	○	○	×	○	○	○	○	○	○	○	○	○
重症者等療養環境特別加算	○	○	×	×	×	○	×	×	○	○	×	×
小児療養環境特別加算	○	○	×	×	×	○	×	×	○	×	○	×
療養病棟療養環境加算	×	×	○	×	×	×	×	×	×	×	×	×
療養病棟療養環境改善加算	×	×	○	×	×	×	×	×	×	×	×	×
診療所療養病床療養環境加算	×	×	×	×	×	×	×	×	×	×	×	○
診療所療養病床療養環境改善加算	×	×	×	×	×	×	×	×	×	×	×	○
無菌治療室管理加算	○	○	×	×	×	○	×	×	○	○	○	×
放射線治療病室管理加算	○	○	×	×	×	○	×	×	○	○	○	×
重症皮膚潰瘍管理加算	×	×	○	×	×	×	×	×	×	×	×	×
緩和ケア診療加算	○	○	×	×	×	○	×	×	○	×	×	×
有床診療所緩和ケア診療加算	×	×	×	×	×	×	×	×	×	×	○	○
精神科措置入院診療加算	×	×	×	×	○	×	×	○	×	×	×	×
精神科措置入院退院支援加算	×	×	×	×	○	×	×	○	×	×	×	×
精神科応急入院施設管理加算	×	×	×	×	○	×	×	○	○	×	×	×
精神科隔離室管理加算	×	×	×	×	○	×	×	○	○	×	×	×

精神病棟入院時医学管理加算	×	×	×	×	○	×	×	○	×	×	×	×
精神科地域移行実施加算	×	×	×	×	○	×	×	○	×	×	×	×
精神科身体合併症管理加算	×	×	×	×	★	×	×	○	×	×	×	×
精神科リエゾンチーム加算	○	○	×	×	×	○	×	×	○	×	×	×
強度行動障害入院医療管理加算	○	○	×	×	○	○	×	○	○	×	×	×
重度アルコール依存症入院医療管理加算	○	○	×	×	○	○	×	○	○	×	×	×
摂食障害入院医療管理加算	○	○	×	×	○	○	×	○	○	×	×	×
がん拠点病院加算	○	○	×	×	×	○	×	×	○	×	×	×
栄養サポートチーム加算	○	○	○	×	×	○	×	×	○	×	×	×
医療安全対策加算	○	○	○	○	○	○	○	○	○	○	○	○
感染防止対策加算	○	○	○	○	○	○	○	○	○	○	○	○
患者サポート体制充実加算	○	○	○	○	○	○	○	○	○	○	○	○
褥瘡ハイリスク患者ケア加算	○	○	×	○	○	○	○	○	○	○	×	×
ハイリスク妊娠管理加算	○	○	×	○	○	○	○	○	○	×	○	×
ハイリスク分娩管理加算	○	○	×	×	×	○	×	×	○	×	×	×

＊1　入院料7は★
＊2　入院料3は○

医療と法律

1 医療関係法規とは

　病院の経営は、医療関係法規に沿って行わなければならない。病院では、無数に存在する細かな規則や通知の把握・遵守に努めている。

(1) 法律

　病院に関連する法律は、医療に関する法律、人事労務に関する法律、税金に関する法律、商行為に関する法律など、多種多様である。このうち、医療に関係する法律については、資格に関する法律である医師法と、制度や仕組みに関する法律である医療法が、その大枠を定めている。その他、健康保険法や国民健康保険法といった保険制度や保険支払いに関する法律、医薬品や医療機器、薬局などについて規定する医薬品、医療機器等の品質、有効性及び安全性の確保等に関する法律などがある。また医療従事者については、国家資格であれば、医師における医師法のようにそれぞれ根拠となる法律がある。

(2) 命令

　病院は、法律のほか、省令や規則などの命令も守らなければならない。命令で代表的なものには、医療法に定められた事項の詳細を規定する医療法施行令及び施行規則、保険診療を行ううえで守らなければならない保険医療機関及び保険医療養担当規則（療養担当規則）などがある。

(3) 通知・通達

　通知・通達は、行政省庁の上部組織が下部組織に対し、法律の解釈を知らせる手段である。法的拘束力はなく、病院側はこれを省庁の意向を知る手段として用いる。例えば、2002（平成14）年9月に出された厚生労働省医政局長通知は「看護師等による静脈注射は診療補助行為の範疇」であることを示したもので、病院はこの通知を確認することによって、看護師による静脈注射が法律違反ではないことを確認できる。

医療と法律 **5**

2　さまざまな医療関係法規

　病院の経営に携わる者は、病院に関係する法規を知り、時代の変化と医療関係法規の改正点について把握する必要がある。ここでは、主要な法律の概略を述べる。

(1)医療法

　医療機関の定義や医療提供に関する理念を規定している法律である。法の目的は、①医療を受ける人が医療を選択するための支援、②医療の安全確保、③病院や診療所などの開設や管理に関する事項、④医療提供施設相互の機能分担や業務連携推進などにより、医療を受ける人の利益保護や良質で適切な医療を効率的に提供する体制を確保し、国民の健康保持に寄与すること、としている。

　医療従事者についての規定では、医師や看護師といった医療従事者の役割は、良質で適切な医療を提供することや、医療を受ける人に対して、適切な説明により理解を得られるように努力しなければならない、としている。また、適切な医療を受けられるように、医療機関の機能分化と医療機関間の連携、医療と介護の連携、地域の医療従事者に医療施設や医療機器を利用させるための配慮をしなければならない、としている。

　その他、医療施設の定義、医師や看護師の定員、特定機能病院や地域医療支援病院の施設基準の他、病院の管理者(院長)は医師とすること、広告の規制、医療法人・社会医療法人などについても規定している。

(2)医師法

　医師の資格要件や医業が医師にしかできないことなどを規定している。医師は「医療及び保健指導を掌ることによって公衆衛生の向上及び増進に寄与し、もって国民の健康な生活を確保するものとする」とされており、医師になるためには大学の医学部(科)を卒業し、国家資格を取得しなければならない。また、医師以外の者は、医師の業務を行ってはならない(業務独占資格)。医師の臨床研修についても医師法に定められている。

　病院経営に関係がある事項には、応召の義務(第19条)と診療録の記載(第24条)がある。応召の義務は「診療に従事する医師は、診察治療の求めがあった場合には、正当な事由がなければ、これを拒んではならない」としている。これにより、医療費を支払わない患者も、診療せざるを得ないケースがある。診療録の記載は「医師は、診療をしたときは、遅滞なく診療に関する事項を診療録に記載しなければならない」としている。医療機関で行われる診療に関する記録は、5年間保存することが義務づけられている。診療に関する記録には、レントゲンのフィルムや検査データなども含まれる。

医療経営士●初級テキスト4　| 　**19**

第1章 病院の基礎知識

■（3）保健師助産師看護師法

看護師の資格については、保健師助産師看護師法（保助看法）に規定されている。この法律は、保健師、助産師、看護師の国家資格と名称、業務について規定している。

保助看法は、保健師や助産師、看護師の資質向上により、医療や公衆衛生の普及と向上を図ることを目的としている。保健師を保健指導に従事する者と定め、助産師については助産または妊婦、じょく婦（産後の女性）、新生児の保健指導を行う者、看護師は傷病者やじょく婦に対する療養上の世話または診療の補助を行う者と定めている。これらの資格を取得するためには、厚生労働大臣の免許を受ける必要がある。

准看護師の業務は、医師、歯科医師または看護師の指示を受けて、傷病者もしくはじょく婦に対する療養上の世話、または診療の補助を行うことである。准看護師は、都道府県知事の免許により業務を行う。

■（4）健康保険法と国民健康保険法

公的な医療保険の運営に関する基本的な法律が、健康保険法と国民健康保険法である。健康保険法は社会保険といわれる被用者保険について規定し、国民健康保険法は国民保険といわれる国民健康保険について規定している。病院の収入は医療保険に依存しているため、保険に関する法律についても知識が必要である。

健康保険法と国民健康保険法は、どちらも療養の給付について、同様に規定している。療養の給付とは、日本の保険給付の特徴である医療サービスの現物給付のことである。具体的には、①診察、②薬剤または治療材料の支給、③処置、手術その他の治療、④居宅における療養上の管理及びその療養に伴う世話その他の看護、⑤病院または診療所への入院及びその療養に伴う世話その他の看護が、療養の給付として現物給付される。

■（5）医薬品、医療機器等の品質、有効性及び安全性の確保等に関する法律

2014（平成26）年11月、これまで「薬事法」と言われていた法律が大幅に改正され、「医薬品、医療機器等の品質、有効性及び安全性の確保等に関する法律（以下、「薬機法」）」へ改称された。主な改正の目的は、①医薬品、医療機器等に係る安全対策の強化、②医療機器の特性を踏まえた規制の構築、③再生医療等製品の特性を踏まえた規制の構築である。

薬機法では、保健衛生上の危害の発生・拡大防止のために必要な規制を行うことを明示すると共に、医薬品・医療機器の品質、有効性、安全性の確保にかかる国や都道府県、製造販売業者、医療関係者の責務を明確化している。

（6）保険医療機関及び保険医療養担当規則

　保険医療機関及び保険医療養担当規則は、療養担当規則とも言われ、患者さんに提供した医療に対する保険請求の基本的なルールを規定している。

　ここでは、第5条で保険医療機関は一部負担金等をしなければならないこと、第5条の2では領収書を交付しなければならないこと、第8条では診療録の記載などについて、第20条では医師の診療に関する具体的な方針、第19条の3では特定の保険薬局への誘導が禁止されている。

　このように診療などに関することが規定されているのが療養担当規則とも言える。

確認問題

問題1 医療法に基づく病床の種別について、次の選択肢のうち、誤っているものを1つ選べ。

[選択肢]

①結核病床

②精神病床

③急性期病床

④療養病床

⑤感染症病床

問題2 診療報酬の基本診療料について、次の選択肢のうち分類されていないものを1つ選べ。

[選択肢]

①入院基本料

②検査料

③特定入院料

④初診料

⑤再診料

解答1 ③

解説1

2001（平成13）年の第四次医療法改正により、病床の種別は一般病床、療養病床、精神病床、結核病床、感染症病床の5種類となった。

解答2 ②

解説2

基本診療料は1日に一度だけ算定できる基本料金のようなもので、初診料、再診料、入院料（入院基本料、入院基本料等加算、特定入院料、短期滞在手術基本料）により構成される。

第2章
病院の機能

1. 医療機関の機能分化と連携
2. 診察と治療の流れ
3. 病院のおもな機能

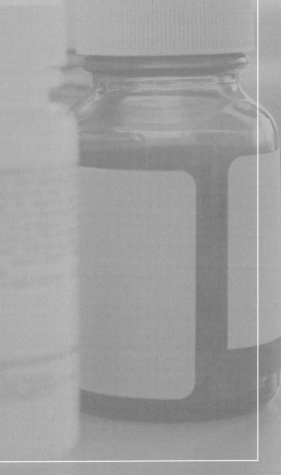

医療機関の機能分化と連携

1 日常における機能分化

　地域における医療機関の医療連携や機能分担をめざし、医療機関の機能を一次から三次に分ける言い方もある。これは医療法改正にも関連することであるが、患者がその状態に応じた医療機関を受診することを方向づけ、医療機関の機能の棲み分けをねらっているものである。これにより、大学病院の外来に患者が集中するといった不均衡を是正し、医療費の無駄を削減するねらいがある。

・一次医療機関

　外来で対処する患者を受け入れる診療所（有床診療所を含む）、病床数が少ない病院や地域に密着している病院、かぜや喘息発作といった日常的な診療を行う地域の身近な医療機関のことであり、かかりつけ医療機関とも呼ばれる。

・かかりつけ医（ホームドクター）

　一次医療機関に属し、身近にいる医師のことを「かかりつけ医」と呼んでいる。医療だけではなく、認知症や介護等を含めた早期段階での発見や気づき、二次医療機関への紹介、日常的な身体疾患対応や健康管理、家族の負担や不安への対応、地域の諸機関との連携等に対応している。

・二次医療機関

　入院で対処する重症患者を受け入れる地域の基幹的な病院。CTやMRIなどの高度な医療機器での検査を行うことができ、一次医療機関や三次医療機関との連携が不可欠である。

・三次医療機関

　救命や高度な医療技術を提供できる大学病院など大規模な病院。

2 政策医療における機能分化

　政策医療とは、国民の健康への影響が大きい疾患に関する医療など、国がその医療政を担うべき医療であると厚生労働省が定めているものである。政策医療の分野は、「1.がん疾患」「2.循環器疾患」「3.精神疾患」「4.神経・筋疾患」「5.成育医療」「6.腎疾患」「7.重症心疾患」「8.骨・運動器疾患」「9.呼吸器疾患」「10.免疫異常」「11.内分泌・代謝系疾患」「12.感

覚器疾患」「13.血液・造血器疾患」「14.肝疾患」「15.エイズ」「16.長寿医療」「17.災害医療」「18.国際医療協力」「19.国際的感染」の19分野である。次の7つはこの政策医療の中心となる施設である。

(1)国立高度専門医療研究センター(National Center)

国民の健康に影響のある特定の疾患等に係わる医療に関し、調査、研究および技術の開発ならびにこれらの業務に密接に関連する医療の提供、技術者の研修等を行うため、厚生労働省設置法第16条に基づき設置されている。2010(平成22)年4月1日より「高度専門医療に関する研究等を行う独立行政法人に関する法律」によって独立行政法人となっている6法人(独立行政法人国立がん研究センター、独立行政法人国立循環器病研究センター、独立行政法人国立精神・神経医療研究センター、独立行政法人国立国際医療研究センター、独立行政法人国立成育医療研究センター、独立行政法人国立長寿医療研究センター)がこれに該当する。

(2)がん診療連携拠点病院

がん対策基本法および同法の規定に基づく「がん対策推進基本計画」により総合的に推進されている。がん医療に対する質の高い医療を提供することを目標とする「第3次対がん10か年総合戦略」(2004〈平成16〉年度〜)などに基づき、がん診療連携拠点病院が整備されてきた。都道府県医療計画等との整合性をはかり、地域がん診療連携拠点病院は二次医療圏に1か所程度、がん診療連携拠点病院は都道府県に原則1か所指定される。がん診療連携拠点病院では、各学会等での診療ガイドラインに準ずる標準的治療や地域連携クリティカルパスを整備することが求められている。

(3)救急医療

救急医療においては、患者の重症度により、もっとも軽いものから順に初期(第一次)、第二次、第三次の機能に分けられている。

・一次救急医療

休日や夜間における外来診療(入院の必要がない)で済む救急患者に対応する。具体的には、休日夜間急患センターや地域の医師会による在宅当番医が初期救急医療機関としての役割を担う。

・二次救急医療

入院治療を必要とする重症救急患者に対応する。都道府県を数地区に分割したものを二次医療圏と呼ぶが、その圏内の病院の輪番制などにより24時間体制をとる。

・三次救急医療

二次救急医療機関では対応できない重篤の救急患者に対応する。高度な診療機能をもつ

第2章　病院の機能

24時間体制の救命救急センターである。救命救急センターは、初期・二次の救急医療機関との連携のもと、心筋梗塞、脳卒中、頭部損傷等の重篤救急患者の救命医療を目的に設置された医療機関である。

　なお、東京都では、救急医療における医療機関の分類だけではなく、「救急医療機関や救急車の不足」「夜間対応病院の混雑」「搬送先の病院がスムーズに決まらず搬送困難」などのさまざまな問題に対し、2009（平成17）年8月から救急医療体制に「東京ルール」を設けた。具体的には、「救急患者の迅速な受け入れ（迅速に救急を受け入れるための医療機関をきめ、まずは医療機関で受け入れる）」「トリアージの実施（医療機関で救急患者を受け入れ、緊急性の高い患者の生命を守るため、救急医療の要否や診療の順番を判断する）」「都民の理解と参画（適切な救急車の利用）」などに取り組んでいる。さらに、心疾患者の救急に対し、できる限り速やかに発症場所から専門施設に収容し、早期に専門的治療を行える地域の組織化をめざした東京都CCU（Coronary Care Unit：冠疾患集中治療室）ネットワーク（CCUを有する医療施設のみならず東京消防庁、東京都医師会ならびに東京都健康局との共同の活動として東京都の特殊救急事業として位置付けられている）も設立されている。これにより、救急隊の搬送先選定が迅速となり、搬送時間が短縮し、心肺停止を来しやすい発症初期の危険な時間帯にCCUへ収容できるようになっている。さらに、CCUを有する施設と開業医、一般病院との病診・病病連携の改善から患者搬送における時間短縮が図れている。

　東京都CCUネットワーク構築は、専門施設への患者搬送収容の迅速化、急性期の適切な治療の普及、地域救急医療システムの連携強化、患者家族・医療従事者への教育活動の推進などに貢献している。

■（4）へき地医療拠点病院

　都道府県知事が、「無医地区（原則として医療機関のない地域で、地区の中心的な場所を拠点として概ね半径4kmの区域内に50人以上が居住している地区であって、かつ容易に医療機関を医療することができない地区）」および「無医地区に準ずる地区（無医地区に準じて医療の確保が必要と都道府県知事が判断し、厚生労働大臣に協議し適当と認めた地区）」を対象として指定している。

■（5）災害拠点病院

　2009（平成17）年の厚生労働省医政局長通知「災害医療対策事業等の実施について」に基づいて、災害時の医療を確保することを目的とする24時間対応可能な救急体制を確保する災害拠点病院が整備されている。災害拠点病院は、地域災害拠点病院と基幹災害拠点病院に分類される。地域災害拠点病院は、広域二次救急医療圏の中核医療機関として、当該地域の災害拠点病院のとりまとめのほか、災害医療体制を強化する機能を有する。基幹災

害拠点病院は、地域災害拠点病院の機能のほか、都道府県内の災害拠点病院の機能を強化するための訓練・研修機能を有する。

(6)エイズ診療拠点病院

1993（平成5）年、厚生省保健医療局長名にてエイズ治療の拠点病院の整備について各都道府県知事に通知された。その結果、住民に身近な医療機関においてエイズに対する一般的な診療を行い、地域の拠点病院において重症患者に対する総合的、専門的医療を提供する等、その機能に応じて診療体制を確保するための病院が指定された。さらに、1997（平成9）年4月、薬害エイズ被害者救済の一環としてエイズ治療・開発センターが国立国際医療センター（現・国立研究開発法人国立国際医療センター）に設置されている。

(7)総合周産期母子医療センター

重症の妊婦や新生児に高度医療を提供する医療機関である。従来、妊婦は産科、新生児は小児科という区別があったが、特に出産リスクの高い妊婦の場合、母体と新生児を切り離して考えることでさらにリスクが高まる可能性がある。このようなことを防ぐため、母子一体の医療を提供するのが救急における三次医療機関としての総合周産期母子医療センターである。1996（平成8）年より、国の方針によって各都道府県の指定で、総合周産期母子医療センターおよび地域周産期母子医療センターの2つの整備が進められている。地域周産期母子医療センターとは、産科・小児科（新生児）を備え、周産期に係る比較的高度な医療行為を常時担う医療機関である。

総合周産期母子医療センターの治療対象は、重度の妊娠中毒症や前置胎盤など出産前から母体管理が必要な妊婦、あるいは切迫流産・早産などで緊急治療を要する母子である。新生児集中治療管理室（NICU）が9床以上、母体・胎児集中治療管理室（MFICU）が6床以上あることなどが指定の条件になっている。365日24時間体制で患者を受け入れられるよう、産科医が複数人いること、新生児担当の医師が常時いること、必要に応じてドクターカーを整備することなどが国の指針に盛り込まれている。

3 医療法における機能分化

医療法では、病院の機能によって、一般病院と次に挙げる病院を区別している。

・地域医療支援病院

地域の一般病院や診療所を後方支援する病院で、他の医療機関からの紹介患者の受け入れが中心となる。条件としては、紹介率・逆紹介率、地域の医療職の資質向上のための研修や研究、救急医療の提供などがあり、都道府県知事の承認により認定され、二次医療圏当たり1か所が目安となっている。

第2章　病院の機能

・特定機能病院

　高度な医療の提供、高度な医療に関する技術開発・評価、研修などを行う能力があり、所定の人員基準・施設基準を満たす病院。大学附属病院が指定されることが多く、厚生労働大臣の承認により認定される。

4　診療報酬における機能分化

　わが国は国民皆保険制度のもと世界でも類をみない高水準の医療・介護制度を確立している。男性の平均寿命は80.98歳、女性の平均寿命は87.14歳となり、いずれも世界トップクラスである（厚生労働省「平成28年簡易生命表の概況」）。その一方で、入院医療・施設介護が中心で、平均入院期間はアメリカの5倍、ドイツの3倍とも言われ、さらには自宅で死亡する人の割合は1950（昭和25）年の80％から2010（平成22）年には12％にまで低下している。

　今後、さらなる少子高齢化が進むなかで、年間の死亡者数が2030年にかけて今よりも40万人増加するとの予想もあり、国民の希望に応じられる療養の場および看取りの場の確保が喫緊の課題である。そのため、在宅医療・介護を主体に、多職種の連携や地域資源の活用をめざし、重点的に予算配分されている。診療報酬においては「施設中心の医療・介護から、可能な限り、住み慣れた生活の場において必要な医療・介護サービスが受けられ、安心して自分らしい生活を実現できる社会を目指す」を柱とし、在宅関連の点数が見直されている。

　2012（平成24）年度診療報酬改定の柱のなかに、「医療と介護の役割分担の明確化と地域における連携体制の強化及び在宅医療等の充実」も掲げられた。この柱では、①在宅医療を担う医療機関の役割分担や連携の促進、②看取りに至るまでの医療の充実、③訪問看護の充実、医療・介護の円滑な連携などが含まれている。高機能の在宅療養支援診療所が規定され、診療報酬点数で大きく評価され、医師が3人以上いるなど在宅医療に特化した医療機関や地域で在宅医療を提供する医療機関間で連携している医療機関の点数が大きく上がることとなった。それに付随して在宅医療に関する地域での連携体制や訪問看護ステーションなどの点数が評価されるなど、在宅医療に関する診療報酬点数などが整備され、医療機関と在宅の機能の棲み分けが行われている。その後の改定においても同様の傾向が続いている。

5　病床機能報告制度における機能分化

　2014（平成26）年の第六次医療法改正に基づき、同年10月1日より病床機能報告制度がスタートした。同制度では、一般病床・療養病床を有する病院・診療所に対して、当該

30　医療経営士●初級テキスト4

病床において担っている医療機能の現状と今後の方向について所在地の都道府県に報告することを義務付けた。報告は病棟単位（有床診療所はその診療所を1病棟と考え、診療所単位で報告）で「高度急性期機能」「急性期機能」「回復期機能」「慢性期機能」の4つから1つを選択して行う。

　これにより各都道府県は、地域医療や地域包括ケアシステムの構築に向けたきめの細かい医療提供体制を整備するための基本的な情報を収集できることとなり、二次医療圏単位で将来の医療需要を予測しながら地域医療構想（ビジョン）を策定し、限られた医療資源を効率的に活用していく。

診察と治療の流れ

1　診察の流れ

　病院で行われる診療は、一般に外来での診察から始まる。診察の手順は、問診票→診察→検査→診断という流れで行われるのが一般的である。

(1)問診票

　氏名、住所、性別、生年月日など患者に関する情報のほか、現在の症状、既往歴、家族の病歴などを患者に記入してもらう。これらの情報は診療録のかたちで医師に届けられる。

(2)診察

　医師は、問診票に書かれた情報をもとに、症状の発生時期や頻度、痛みの有無などについて、口頭で患者に質問する。場合によって、食事の内容や職場環境などについて聞くこともある。これらの情報から、患者の病気についてある程度絞り込み、さらに視診、聴診、触診、打診により、医師の五感を使って患者の状態を確認する(表7)。こうした診察の中で、医師は患者の心身に起こっている異常を察知し、その異常について科学的な根拠が得られるような検査計画を立てる。

表7　医師の診察内容

診察方法	調べる部位	チェックする内容
視診	姿勢や身体の動きの観察、顔・皮膚・目の色、表情、のどの状態	骨格・神経・筋肉の異常、貧血・黄疸・炎症の有無、栄養状態や脱水状態など
聴診	聴診器で胸や腹、首、太ももなどの音を聞く	心音や呼吸音、腸の動き、血流など
触診	首、腹、手足などにふれる	臓器の腫れや水分状態など
打診	胸、腹などを叩いて音を聞く	ガスの有無、臓器の大きさなど

(3)検査

　医師が決定した検査項目について、看護師や、検査技師などの専門スタッフによって、

診察と治療の流れ ❷

一定の検査が行われる。検査に要する時間はそれぞれ異なり、すぐに結果が出るものは当日中に診断まで進むが、日数を要するものであれば、改めて診察日を定めて次回診察時に診断することになる。検査にはさまざまな種類があるが、よく行われるものには、内臓の機能を確認する血液検査や尿検査、細胞検査、腫瘍や梗塞部を確認するCT、MRI、PET、エコーなどがある。

▌(4)診断

医師は、診察で得られた情報を検査結果と照らし合わせて分析し、病名や病状を特定する。患者と再度面談し、診断結果を説明したうえで今後の治療方針について話し合う。

2 治療の流れ

治療のサイクルは、PDCAの流れをとる。まず診察結果をもとに治療の計画を立て(Plan)、その治療を実行する(Do)。次の診察時には、状態が改善しているかどうかを確認し(Check)、問題がなければ治療を継続する。もし問題があれば計画を変更し、新たな薬を処方するなどの処置をとる(Action)。

治療には、服薬や注射、点滴などの内科的な治療と、手術などの外科的な治療のどちらか、あるいは両方が用いられる。また、病院に通院する外来か、院内で治療・看護を継続する入院のいずれかの形態がとられる。

外科的な治療を行う場合の入院では、緊急入院でなければ1週間ほど前にあらかじめ外来で必要な検査を実施し、入院時についての説明がなされるのが一般的である。内科的な治療を行う場合の入院では、治療経過に個人差が大きいため、入退院のスケジュールが立ちにくいことが多い。いずれの場合も、慢性疾患や高齢のために治療の継続が必要なときには、在宅医療へ移行するほか、療養病床を有する病院や介護老人保健施設などに転院することがある。

医療経営士●初級テキスト4 | 33

第2章　病院の機能

③ 病院のおもな機能

1　外来・入院

　外来とは、負傷者や病人（受療者）が医師の診察を受け、処置、検査をし、薬（処方せん）をもらい、会計するまでの一連の流れをその日のうちに行う場所を指す。

　一方、入院とは、外来では対応できない精密検査や、受療者に負担がかかる手術や治療を行うために、医療機関の入院施設（病棟）に泊まって加療することである。病棟には看護師が常駐し、さらに医師、看護補助者、事務員、薬剤師、放射線技師など多くの職種が業務を行う。

　病棟における患者の平均在院日数によって、その病棟を有する病院の機能は異なる。急性期の機能を持つ病棟ほど入院日数が短く、慢性期の機能を持つ病棟ほど入院日数が長い。また、慢性期の機能を持つ病棟ほど、医療への依存度が低く、療養の意味を持つようになるため、医療より介護の側面が強くなる。

2　検査

　医師が面談・身体診察によって絞り込んだ疾患を確かめるために、さまざまな検査が行われる（表8）。患者の身体及び検体を検査し、その検査結果をもとに医師が診断する。

　検査には、①患者の身体から採取した血液、尿、細胞などの検体を調べる検体検査、②各種装置や機器を用いて心臓や脳、肺など患者の生体機能を調べる生理機能検査、③放射線照射によって患者の身体を画像で確認する放射線検査、④ファイバースコープによって患者の身体内部を映像で確認する内視鏡検査がある。

　このうち、内視鏡検査は、先端に小型カメラまたはレンズのついた細長いチューブを患者の口または肛門などから生体内に挿入し、臓器の異常を調べる検査で、通常は医師によって行われる。内視鏡の開発によって、身体の内部の状態が比較的容易に確認できるようになり、がんなどの早期発見に役立っている。また、内視鏡の先端にメスなどの機器を取りつけたり、腹部に穴をあけてチューブを挿入することで、患部の治療や除去が可能となり、悪性腫瘍の切除、脳血管系の疾患の治療といった手術にも用いられている。患者の身体への負担が少ないことから術後の経過がよいことが多く、有力な先端医療として各病院が注

34　医療経営士●初級テキスト4

力している分野である。

表8　**検査の種類**

検体検査	
尿・便等検査	免疫血清学的検査
血液学的検査	微生物学的検査
生化学的検査	病理学的検査
生理機能検査	
呼吸循環機能検査	脳波検査等
超音波検査	眼検査
皮膚検査	負荷試験等
ラジオアイソトープを用いた諸検査	内視鏡検査
放射線検査	
内視鏡検査	

3　手術

　診察・検査を経て、医師が手術の必要性があると判断した場合には、患者の状態に合わせて、術式や実施時期など手術の計画を組み立てていくことになる。

　手術は、臓器移植や心臓大血管手術など難易度の高いものから、日帰り手術が可能な簡易なものまで多種多様であり、必ずしも重症度の高い患者が手術を受けるとは限らない。手術を中心に行う診療科には、脳神経外科、外科、整形外科、消化器外科、心臓血管外科、泌尿器科、耳鼻咽喉科、眼科、産婦人科などがある。

　手術の前に、患者は執刀医による説明と、麻酔医による術前診察を受ける。手術当日、患者は麻酔医によって麻酔（全身麻酔、局所麻酔、硬膜外麻酔、脊柱麻酔など）をかけられ、手術が行われる。手術室内には、人工呼吸器、心電図モニター、血圧モニター、麻酔器、洗浄・吸引装置といった医療機器がそろえられており、手術中は、簡単な術式であっても、心電図や血圧など身体の状態を確認するモニターが常に作動している。また、手術室内は雑菌が入り込まないよう清浄に保たれている。術後、患者の多くは集中治療室（ICU）に運ばれ、一定期間、集中的な管理を受けたあと、一般病棟に移される。

確認問題

問題1 政策医療について、次の選択肢のうち正しいものを2つ選べ。

[選択肢]
①政策医療とは、国民の健康への影響が大きい疾患に関する医療など、国がその医療政策を担うべき医療であると厚生労働省が定めているものである。
②政策医療は、全部で19分野が対象となっている。
③政策医療には、「認知症対策」の分野が含まれている。
④がん診療連携拠点病院は、原則として二次医療圏に1か所指定される。
⑤へき地医療拠点病院は、無医地区および無医地区に準ずる地区を対象に厚生労大臣が指定する。

問題2 救急医療体制について、次の選択肢のうち正しいものを1つ選べ。

[選択肢]
①救急医療において、どのような重篤な状態の患者であっても、まずは第一次救急医療機関が対応すべきである。
②第二次救急医療機関は、休日や夜間における外来診療が主体となる。
③救命救急センターは、第一次・第二次救急医療機関との連携のもと、心筋梗塞、脳卒中、頭部損傷等の重篤救急患者の救命医療に対応することが目的である。
④第三次救急医療は、地域密着型の医療機関が対応すべきである。
⑤救急医療は消防署が対応している。

確認問題

解答 解説

解答 1　①、②

解説 1

①○：選択肢のとおり。

②○：選択肢のとおり。

③×：認知症対策は含まれていない。

④×：原則都道府県に1か所指定される。二次医療圏に1か所程度指定される
のは地域がん診療連携拠点病院である。

⑤×：無医地区及び無医地区に準ずる地区を対象として、各都道府県知事が
へき地医療拠点病院を指定できる。

解答 2　③

解説 2

①×：状態に応じて、適切な医療機関が対応する。

②×：設問は第一次救急医療機関の説明である。第二次救急医療機関では、入
院治療を必要とする重症救急患者に対応する。

③○：選択肢のとおり。

④×：重篤な救急患者に対応する救命救急センターは、地域密着型である必
要はない。

⑤×：消防署が対応しているわけではない。

第3章

病院の組織

1 病院組織の特徴
2 診療部門(診療科・医局)
3 看護部門(看護部)
4 その他のメディカルスタッフ部門
5 管理部門

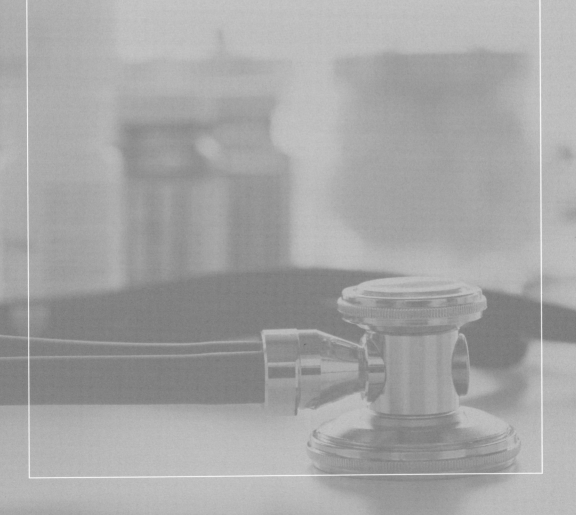

病院組織の特徴

1 病院の組織

　病院の組織は、診療部門(診療科・医局)、看護部、その他のメディカルスタッフ各部、管理部門などから構成される。図4は、病院の組織をモデル化したものである。
　組織構成は病院によってさまざまで、公立病院と私立病院の違いや、その病院の歴史などにも影響される。大学病院になると、国公立・私立を問わず、より複雑な構成となる(図5、6)。

2 病院における組織のあり方

　医師、看護師などの資格別に部署が設置されているため、病院の組織体制はよく"縦割り"と表現される。部署の隔たりを超えて、職種間の情報共有や連携といった横のつながりをいかに円滑にするかが、質の高い医療を提供するうえで重要な課題といえよう。
　第2節以下、縦割り的な説明となるが、仕組みを理解しやすくするため便宜的に、病院組織を診療部門、看護部門、その他のメディカルスタッフ部門、管理部門の4部門に分類する。

病院組織の特徴 ❶

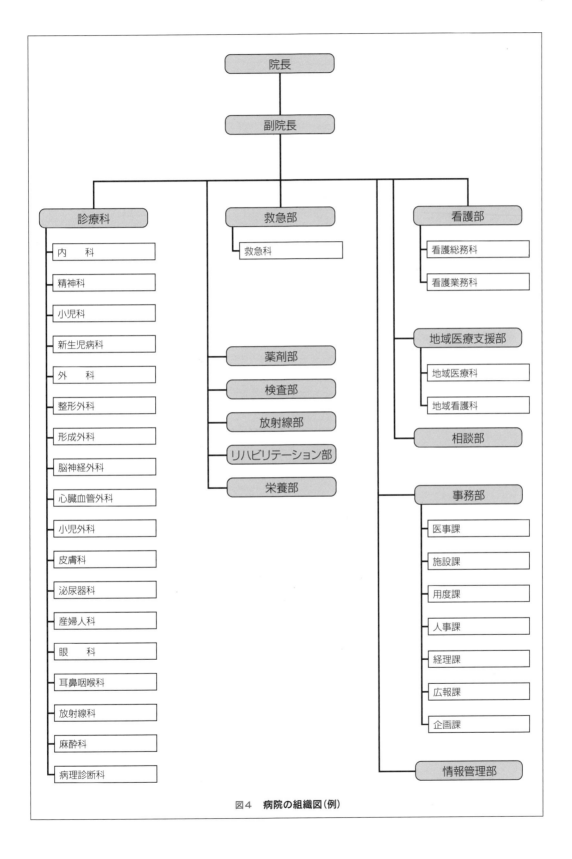

図4　病院の組織図（例）

第3章 病院の組織

図5　国立Ａ大学病院の場合

病院組織の特徴

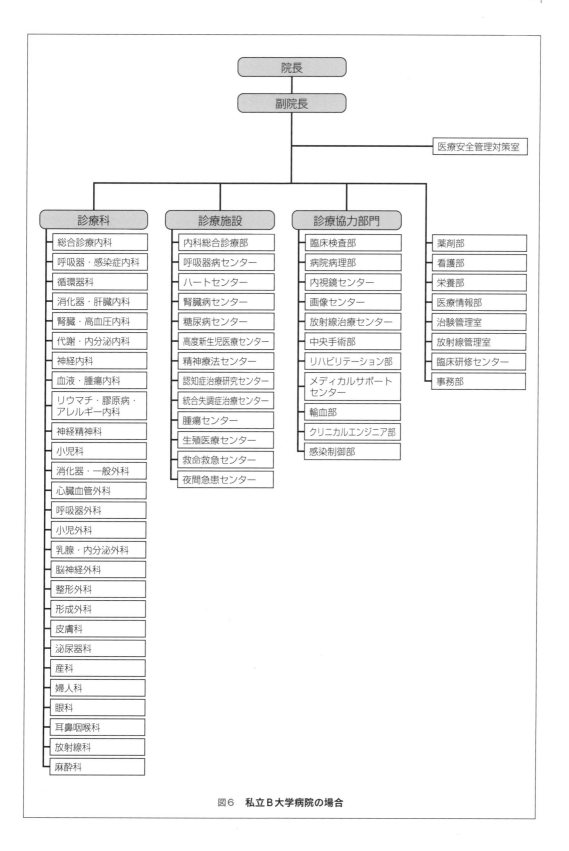

図6　私立B大学病院の場合

診療部門（診療科・医局）

1　診療科

　入院・外来患者の診療を担当する部署としては、各診療科がある。それぞれの専門性を活かしながら、他の診療科と連携して患者の診療にあたっている。

　診療科には、表9のようなものがあるが、これは、病院がその領域の医療を提供していることを示すものであって、組織の人事とは必ずしも一致しない。診療科目ごとに部署を設けている大病院から、各診療科目の担当医が1つの部署にまとめて所属している中小病院までさまざまである。また、診療科は基本的に医師が所属している部署と考えてよいが、大病院では診療科ごとに看護師や事務員が配置されている場合もある。

表9　診療各科の内容

診療科	内容	担当する主な病気
内科	主に身体の臓器を対象に診療する。担当する分野は消化器、循環器、内分泌・代謝、血液が主なものである。それ以外の分野については、呼吸器は循環器科、腎臓は泌尿器科、神経は脳神経外科などとそれぞれ連携して診療を行っている	消化器系疾患：食道・胃・小腸・大腸のポリープ、潰瘍、がんなど悪性腫瘍、急性・慢性肝炎、脂肪肝、肝臓がんなど 循環器系疾患：高血圧症及び虚血性心疾患〔狭心症、心筋梗塞〕、不整脈など 内分泌・代謝系疾患：糖尿病、脂質異常症（高脂血症）など 血液系疾患：白血病、悪性リンパ腫など 膠原病：関節リウマチ、全身性エリテマトーデスなど
精神科	病院によっては「心療内科」と称しているところや、「心療内科」「神経内科」「神経科」など細分類されているところもある	いわゆる心の病。うつ病や統合失調症などの精神病
小児科	病院のなかにはさまざまな専門の科があるが、子どもを全体として診ていくということが特徴。診察後、必要があれば別の専門の科に紹介する。病院によっては「小児内科」「小児アレルギー科」など細分類されているところもある	子どもの病気全般を扱う。子どもに多いアトピーなどのアレルギー系疾患患者も多い
新生児病科	新生児とは、出生後4週間までの児をいう。病院によっては、「小児科」に含まれていたり、「新生児・未熟児科」と称しているところもある	新生児の病気全般を扱う。先天性疾患、低出生体重児、新生児仮死など

診療部門（診療科・医局） ❷

表9　診療各科の内容（つづき）

診療科	内　容	担当する主な病気
外　科	外科的治療が可能な部位すべてを基本的に対象とする。手術によって、創傷及び疾患の治癒を目的とする	胸部では、肺がん、乳がん、食道がんなど。腹部では、胃がん、肝臓がん、胆石症、急性虫垂炎。血管では、腹部大動脈瘤、下肢血行障害〔閉塞性動脈硬化症、バージャー病〕など
整形外科	運動器系（筋・骨・関節など）を主に診療する	骨粗鬆症、変形性関節症、椎間板ヘルニアなど
形成外科	身体の表面や形の変形などについて主に診療する	やけど、褥瘡、がん手術で失った組織や機能の再建、皮膚の病変で切除などが必要なものなど
脳神経外科	身体の神経系〔脳、脊髄、末梢神経など〕の外科的治療を主に行う	脳血管疾患（脳卒中、くも膜下出血など）、頭部外傷など
小児外科	外科的治療が必要となる子どもの診療を行う	子どもにおける前記各外科の創傷及び疾患
皮膚科	皮膚を中心にした疾患を診療する。主に薬物による内科的治療を行うが、場合によっては外科的治療も行う	アトピー性皮膚炎や接触皮膚炎（かぶれ）などのしっしん皮膚炎群、じん麻疹、水虫をはじめとする真菌疾患、イボや帯状疱疹などのウイルス疾患、ニキビなどの細菌感染症、各種皮膚がん、その他皮膚に発生するあらゆる疾患が対象
泌尿器科	主に腎臓、尿道、膀胱など、男性生殖器を中心とした診療を行う。女性生殖器は一般に産婦人科扱いが多い	膀胱炎、前立腺肥大症、前立腺がん、尿路結石、尿道炎など
産婦人科	女性特有の疾患や女性器腫瘍、妊娠、出産などを中心に診療を行う	子宮頸がん、子宮内膜症、絨毛性疾患、妊娠、分娩、母子感染症など
眼　科	眼（眼球や眼球組織）に関する疾患を中心にした診療を行う	結膜炎、角膜炎、白内障、緑内障、網膜剥離など。他に、視力の検査、眼圧の検査、眼底の検査など各種の検査
耳鼻咽喉科	耳、鼻腔、口腔、咽頭、甲状腺などを中心にした疾患の診療を行う	症状として、耳症状（耳鳴り、難聴、めまいなど）、鼻症状（鼻出血、鼻痛など）、口腔・咽喉頭症状（口内炎、味覚障害、いびき、のどが詰まる、息苦しいなど）や、顔面運動異常〔顔面神経麻痺〕など。 手術療法として、口蓋扁桃摘出術、顕微鏡下喉頭微細手術（声帯ポリープなど）、耳疾患手術、内視鏡下鼻内術（内視鏡を使用し鼻内で手術）、頭頸部疾患手術など
放射線科	放射線を用いた治療や画像診断検査などを行う。主に各科と連携して診療を行う。	各種がん、放射線治療を要する疾患
麻酔科	手術などで用いる麻酔を中心に、各科と連携した診療および麻酔による慢性疼痛治療（ペインクリニック）などを行う	他科と連携した各手術。慢性疼痛治療（ペインクリニック）、終末期医療など
病理診断科	各種検査により、疾患の診断を目的とした病理診断（医行為）を行い、依頼者である各科の医師に返却し、医療の質の維持と向上に努める	各科からの依頼により病理検査を行い診断するため、特定の病気はない

出典：『医療コミュニケーターテキスト』（日本医療企画）

医療経営士●初級テキスト4　45

第3章　病院の組織

2　標榜科としての診療科目

　病院の標榜科としての診療科目は、医療法において「医業及び歯科医業につき政令で定める診療科名」（第6条の6）とすることを原則している。しかし、2006（平成18）年の医療法改正により、「患者等への医療に関する情報提供の推進」に関する取り組みとして、適切な医療機関の選択と受診を支援する観点から、柔軟な規定に変更された。医療機関が標榜する広告可能（公や不特定多数向け）な診療科目として単独の診療科名と「身体の部位や患者の疾患等の性質を有する名称」を組み合わせることができるようになり、2008（平成20）年4月1日より施行されている。これにあわせ、「神経科」「呼吸器科」「消化器科」「胃腸科」「循環器科」「皮膚泌尿器科」「性病科」「こう門科」「気管食道科」などのあいまいさを持つ単独診療科名は広告することが認められなくなった。

　ただし、院内掲示や学会等の特定者へ向けては、広告可能な診療科目と異なる名称を用いていることもある。

3　医局

　組織上の診療科を表す場合、主に大学病院では慣例として、医局と呼ばれることが多い。医師にとって病棟や診察室が患者を診療する場であるのに対し、医局はその他の業務を行うための事務室ととらえることができる。学校でいえば職員室のようなもので、教師が常に教室で教鞭を執っているわけではないのと同義である。

　医師は診療以外にも研究、教育などさまざまな業務を行っており、各種の資料をそろえ、診療にあたって調べものをしたりするのも医局においてである。

　歴史的な経緯として、医局は大学病院の医学部における職員室の役割を果たしてきた。これは明治時代、医局講座制と呼ばれるドイツの医学制度が医学教育に取り入れられたことがもとになっているという（表10）。

　医局の人員構成は、大学の教授、准教授、研究員、医員、大学院生、研修医及び大学外の市中病院常勤医などの医局員で構成され、教授を頂点とするピラミッド構造をなしている。付属病院における各診療科のトップ（部長）と医学部における各講座のトップ（教授）が同一人物であることから、部下（診療科の医師、医局員）に対する影響力は強く、権威主義的な側面が指摘されてきた。そのため、2007（平成19）年、医局講座制にかかわる規定が大学設置基準から削除されている。

46　医療経営士●初級テキスト4

診療部門（診療科・医局）❷

表10　医局講座制の長所と短所

長所	・研究の中心として機能し、知識の集積ができる ・経験豊富な医師から若手へ連綿とした技術の継承と蓄積ができる ・関連病院への医師の安定供給ができる
短所	・研究重視、臨床軽視の風潮になりやすい ・ヒト・モノ・カネの流れが不明瞭である ・医師から、就職先や居住地域を選定する自由を奪う

4　診療科の課題

　医師の獲得は、病院経営において最重要課題となっている。病院側が医師確保のために行うのは、医局を訪問することである。医師の主な業務は臨床、研究、教育であるが、これまでそのすべてが医局に集中していた。現在も、ほとんどの医師は出身大学や関連大学などの医局に所属しており、医局と医師との関係は依然として根深い。医師不足の課題を抱える病院が医局に頼らざるを得ない状況は、そう簡単には変わらない。

　とはいえ、変化の兆しもある。2004（平成16）年に開始された新医師臨床研修制度では、従来の専門領域の習得だけではなく、プライマリ・ケア（初期診療）も含めた診療能力の習得をめざし、2年間の臨床研修が義務づけられた。新たに導入されたマッチング制度[*1]により、研修医は出身校ではない研修先を選びやすくなり、スーパーローテート方式[*2]の採用により、診療科の幅広い選択の機会が得られるようになっている。臨床研修を行う分野・診療科については、現在は3科目必修（内科、救急、地域医療）＋5科目（外科、麻酔科、小児科、産婦人科、精神科）のうち2科目選択必修であるが、2020年度より7科目（内科、救急、地域医療、外科、小児科、産婦人科、精神科）を必修とする方向で検討が進んでいる。

　しかし、そもそも医師不足解消のために病院側が行うべきことは、医師にとって魅力的な病院づくりや、医師の職場におけるモチベーション維持を図っていくことである。近年では、勤務医の労働環境の悪化や医療訴訟のリスク増加、マスコミや患者からの批判などが勤務医の意欲を低下させ、立ち去り型サボタージュ[*3]の現象も生じている。

5　医師のキャリア形成・過重労働に関する課題

　2014（平成26）年7月、専門医の育成・認定を行う第三者機関として、一般社団法人日本専門医機構が設立され、2018（平成30）年度から新専門医制度が始まった。新専門医制度は、それまで各学会が独自の制度設計で行ってきた専門医の育成・認定を第三者機関が

---

*1　マッチング制度：コンピュータを用いて研修希望者と研修病院をマッチさせる仕組み。
*2　スーパーローテート方式：志望科にかかわらず、各医局を数か月単位でローテーションしながら研修を受ける制度。
*3　立ち去り型サボタージュ：労働意欲を失った医師や看護師が、職務の重責から逃れるために病院から離れていくこと。

医療経営士●初級テキスト4　47

中立的に行うことで、専門医の質を担保するとともに、それぞれの領域の専門医研修を受けた専門医が公の資格として国民に広く認知されることをめざしている。都市部の大学病院に医師が集中し、医師の地域偏在を助長するとの懸念から制度開始が1年間先送りされた。

新専門医制度は、基本領域（基本的な19の診療科）とサブスペシャリティー（細分化した領域）の2段階制となっており、総合診療専門医を基本領域に位置づけた。各診療領域の専門研修カリキュラムのもとで、目標を計画的に達成するために、専門研修基幹施設が中核となり、複数の専門研修連携施設とともに専門研修施設群を形成する。

また、日本政府は、経済再生の実現にむけ、誰もが生きがいをもって、その能力を最大限発揮できる社会を創ることをめざし、「働き方」と「暮らし方」の改革にチャレンジしているが、医師の働き方においても同様の取り組みが求められている。

医師は、医師法19条において「診療に従事する医師は、診察治療の求めがあった場合には、正当な事由がなければ、これを拒んではならない」と定められており、診療に応じる義務（応招義務）を遵守する必要があるなど特有の課題を抱えている。そのため、医師の長時間労働を是正して働き方改革を実現するために、看護師等への「タスク・シフティング」「タスク・シェアリング」などが検討されている。

診療部門（診療科・医局）❷／看護部門（看護部）❸

③ 看護部門（看護部）

1　看護部

　病院で行われる看護を担当する部署は、看護部である。看護部は、病院内で働く医療従事者の中で、最も人数が多い看護職が所属する部署である。

　看護部は、医療チームの一員として、診療の補助や患者の療養上の世話を行う。看護師、准看護師は患者に最も多く接する医療従事者である。多くの場合、医師の周囲で業務に従事しているか、ナースステーションに常駐している。

　看護師の業務、身分、資格などは、保健師助産師看護師法において定められており、同法は看護師資格の根拠法となっている。

2　構成

　看護部の人員は、看護職が主体となる。診療科などの部門ごとにチームで業務を行い、その上にはチームをまとめる看護師長、看護師長をまとめる看護部長、副看護部長などの管理者がいる。看護職は、看護師と准看護師に分けられる。

・看護師

　厚生労働大臣の免許による国家資格。「傷病者若しくはじょく婦に対する療養上の世話、又は診療の補助を行うことを業とする者」（保健師助産師看護師法第5条）と定められている。

・准看護師

　都道府県知事による免許で、国家資格ではない。「看護業務を医師、歯科医師または看護師の指示を受けて行なう」（保健師助産師看護師法第6条）と定められている。

3　業務

病院の各部門における看護部の業務には次のようなものがある。

・病棟部門

　診療科ごとに分かれて入院患者を担当する。入院患者に対する検温や血圧測定などのバイタルチェック、清拭、点滴管理、食事介助、投薬、検査・手術への対応などを行う。ベッ

医療経営士●初級テキスト4　49

第3章　病院の組織

ドごとに担当を定める担当看護師制が多い。

・外来部門

医師による診療の補助と、一部の検査業務を行う。主に業務ごとに担当を定める機能別看護制を敷く病院が多い。

・管理部門

看護師教育や医療安全管理など看護部や病院全体にかかわる業務を行う。

また、病棟における看護職配置、看護職の求人活動(新卒、既卒)、人事考課・面接、他部門との調整、看護職の教育、他職種との業務分担、法令遵守、看護における質向上、教育機関と連携した教育の推進などを行う。

・その他の部門

救命救急室、手術室、集中治療室などに専属の看護部門が設けられる。高度医療の補助と看護業務を行う。

4　看護師の確保に向けた課題

現在、看護師不足の問題は深刻である。急性期病院は、診療報酬における看護配置基準7対1を実現するために、看護師を大幅に増員してきた。2006(平成18)年度診療報酬改定において、病棟ごとではなく病院全体の看護体制が評価されるようになり、それまでの離職者の補充を中心とした採用ではなく、新たな看護体制をとるために看護師数を確保する必要が生じたためである。また、在宅系の機能を持つ病院は、訪問看護師の採用・教育を進めている。

これにより、看護師獲得のために院長や副院長が看護学校を訪問したり、看護師の新卒採用時期が早まって、8月ごろに入職試験が実施されている。「過重労働、休暇が取れない」「産休後の職場復帰環境が整備されていない」「売り手市場で、退職してもすぐ次の職がみつかる」などの理由から離職する看護師が多いことも不足の原因となっている。

今後は、看護職の量と質を確保するため、「教育機関の4年制への移行」「専門看護師・認定看護師の認定」「外国人看護師利用の活性化」「ナース・プラクティショナーの確立」などを推進することも検討材料の1つである。また、無資格者である病棟事務員や看護補助者と、有資格者である看護職との業務や責任の整理・分担も必要である。

最近では「魅力的な病院に就職したい」という看護師側のニーズへの対応が重要になってきている。魅力的な病院の条件とは、教育体制がしっかりしている、病院のブランド力が高い、自己実現できる環境が整っているなどである。

看護部門（看護部）❸

| column | ナース・プラクティショナーと診療看護師（仮称） |

　今後、ますます少子高齢化が進み、地域において病気を抱えながら生活する人々が急増していくことが予想されるなか、米国等で活躍する「ナース・プラクティショナー（NP：Nurse Practitioner）」のような資格が日本でも求められている。NPとは、看護の基盤を持ちながら、医師の指示を受けずに一定レベルの診断や治療などを行う看護師である。

　米国では、登録看護師（RN：Registered Nurse）の高学歴化が進み、NPのほか、専門看護師（CNS：Clinical Nurse Specialist）、麻酔看護師（CRNA：Certified Registered Nurse Anesthetists）、助産看護師（CRNM：Certified Registered Nurse-Midwife）といった上級実践看護師（APRN：Advanced Practice Registered Nurse）を取得する者も多い。

　米国における最初のNP教育プログラムは、1960年代半ばに医療費高騰と家庭医や都市部における貧困層のための医師が不足するなか、コロラド大学で開発された。その後、イギリスをはじめその他の国にも拡がっている。

　1980年頃に米国で実施されたNPに対する患者満足度調査や費用対効果の分析などに関する研究では、NPの存在が医師不足や医療費抑制などにおいて高い評価を示す結果となっている。その後、NPの役割は病気のケアから家族の健康増進にまで、活躍の場もクリニック、保健施設、地域保健センターなどさまざまな医療施設へ拡大し、1990年代には救急医療の現場においてもNPが活躍している。

　このように、NPのようなケアも提供できる看護師が増えることは、無駄な医療費を抑制するだけでなく、専門医が専門性の高い病態に向き合う機会の増加にもつながっているが、その一方で今なお米国のNP教育・養成に対しては、看護界のなかでもさまざまな意見や批判があり、医師との関係に軋轢を生じさせていることも事実である。日本においても、「職業的ヒエラルキーの発生」「低コスト医療制度の推進」につながるなど、NP導入に反対する意見や動きがあるため、慎重な検討が求められている。

　また、2017（平成29）年4月6日、厚生労働省が「新たな医療の在り方を踏まえた医師・看護師等の働き方ビジョン検討会（ビジョン検討会）」報告書を発表した。その報告書では、医師の「働きすぎ」を問題視し、医療従事者の業務の生産性向上や業務の分担と最適化のため、医師の仕事の一部を他職種と分担する「タスク・シフティング」「タスク・シェアリング」の重要性が強調されている。施策の具体例として挙げられたのが、「診療看護師（仮称）」の養成や「フィジシャン・アシスタント（PA）」という新資格の創設である。

医療経営士●初級テキスト4　51

第3章　病院の組織

5　特定行為に係る看護師の研修制度

　2025年、日本は団塊の世代が75歳を超えて後期高齢者となり、「国民の3人に1人が65歳以上、5人に1人が75歳以上」という人類がいまだかつて経験したことのない「超・超高齢社会」を迎える。在宅医療等の充実・推進を図っていくためには医師と看護師の連携だけは足りず、医師または歯科医師の判断を待たず、手順書にもとづき一定の診療の補助を行う看護師を養成していくことが求められている。

　こうした背景から、2015（平成27）年10月1日、「特定行為に係る看護師の研修制度」が施行された。同制度は、実践的な理解力、思考力、判断力並びに高度かつ専門的な知識及び技能が特に必要とされる38の特定行為（「経口用気管チューブ又は経鼻用気管チューブの位置の調整」「侵襲的陽圧換気の設定の変更」「非侵襲的陽圧換気の設定の変更」「人工呼吸管理がなされている者に対する鎮静薬の投与量の調整」「人工呼吸器からの離脱」「気管カニューレの交換」など。2018年4月5日現在、厚生労働省ホームページhttp://www.mhlw.go.jp/stf/seisakunitsuite/bunya/0000050325.htmlより）について、手順書によりそれを実施する場合の研修制度を創設し、その内容を標準化することで、今後の在宅医療等を支えていく看護師を計画的に養成していくことを目的としている。

その他のメディカルスタッフ部門

1 その他のメディカルスタッフ各部

　病院では、薬剤師、臨床検査技師、診療放射線技師、理学療法士、作業療法士、管理栄養士など多くの専門職が、それぞれの専門性を活かして医師と協力し、患者の健康状態のチェックや病気の診断、治療に役立つように活動している。

　こうした専門職が働くメディカルスタッフ部門には、主なものとして、薬剤部、検査部、放射線部、リハビリテーション部、栄養部などがある。また、これらの部署を薬剤科、検査科、放射線科、リハビリテーション科、栄養科とし、診療技術部などの名称でひとまとめにしている病院もある。その他のメディカルスタッフ部門の組織構成は病院ごとの違いが出やすい部分である。

　なお、メディカルスタッフの定義はさまざまあり、医療機関によっては看護部を含む場合もあるが、本書では看護部を含まず説明する（表11）。

表11　その他のメディカルスタッフ各部の主な業務

薬剤部	有効かつ安全で品質が保証された医薬品を適切な情報とともに提供するのが薬剤部の目的である。他の医療スタッフとともに連携し、患者の最適な薬物療法の提案を行っている。主な従事者は、薬剤師。
検査部	医師の指導監督下にあって、検体検査と生理機能検査を行う。患者の正確な生体情報の提供が検査部の目的である。主な従事者は、臨床検査技師。
放射線部（放射線科）	一般のX線撮影検査（胸部、腹部、全身の骨など）や放射線治療装置を用いた治療、核磁気共鳴装置（MRI）を用いた画像検査などを行う。主な従事者は、診療放射線技師、診療X線技師。
リハビリテーション部	身体機能の回復・社会復帰をめざし、各専門職が連携して患者一人ひとりに合わせた最善の方法で訓練を行う。主な従事者は、理学療法士、作業療法士、言語聴覚士、視能訓練士、義肢装具士。
栄養部	入院患者を食事面からサポートし、職員食も担当する。栄養士は100床以上の施設では1名の設置が施設基準で義務づけられている。また管理栄養士は医師の指示書による栄養指導なども行う。主な従事者は、管理栄養士、栄養士、調理師。

第3章　病院の組織

2　薬剤部

　薬剤部は原則として、薬剤師が所属する部署である。病院の支出のうち20％近くを医薬品費が占めており、薬剤部は物流の拠点として病院管理上、重要な位置づけにある。また、医薬品の効果効能について迅速な情報収集や情報提供が求められるなど臨床上も重要な部門である。

■（1）構成

　薬剤部の業務は、薬剤師とその業務を補助する事務員で行う。

　薬剤師は、約6か月間の病院・薬局実務実習を含む薬学部課程を卒業後、薬剤師国家試験に合格した者である。薬剤師の職場としては、病院・診療所の院内薬局のほか、薬局・薬店、製薬会社、薬事・保健行政分野などがある。薬剤師の主な業務は、医師の出した処方せんによる調剤と、薬の相談販売である。

　また、多くの医療関係資格の中で唯一、医師に対して疑義照会できる国家資格である（薬剤師法第24条）。処方せんを確実に監査し、疑わしい点があれば直ちに処方した医師に照会し、再調剤することが薬剤師の責務となっている。患者に適切で良質な薬物治療を行うために、薬剤師と医師が連携し、薬剤師がその職能を最大限に発揮することが重要である。

　現在は医療技術の高度化や医薬分業の進展等に伴い、医薬品の安全使用に対して社会的要請が高まっている。これら医療の担い手として質の高い薬剤師を教育するため、臨床に係る実践的な能力を培うことを目的とし、学校教育法及び薬剤師法が改正され、2006（平成18）年より実務実習が従来の1〜4週間の見学型から薬局11週間・病院11週間の参加型と変わり、修業年限も6年となり、実務実習を受けないと国家試験が受けられないこととなった。

■（2）業務

　薬剤部の主な業務は調剤と服薬指導であるが、薬剤情報提供なども重要な役割となっている。さらに、治験や製剤にも携わっている。

・調剤

　担当医の処方せんにしたがって、外来患者や入院患者の薬を調剤する。調剤内容や薬の副作用、飲み合わせによる相互作用の確認なども含む。

・服薬指導

　患者本人や家族に対して薬の服薬方法や効能、副作用について指導する。患者の状態や既往歴、アレルギー歴などから投与禁忌薬の確認も行う。

・薬剤・薬剤情報管理

　薬剤の管理・供給、入院患者の点滴薬や注射薬の準備を行う。薬剤の用法・用量や患者

その他のメディカルスタッフ部門 ❹

の服薬状況、服薬指導の状況などを記録する。

・薬剤情報提供(DI)

薬の相互作用や副作用など薬剤に関する情報を収集し、他の医療スタッフに提供する。

3 検査部

検査部は、医師の指示のもとでさまざまな検査を行う。検査部には、主に画像診断を行う部署、放射線検査・治療を行う部署、その他の検査を行う部署などがある。これらは病院によって、画像診断部、放射線治療部、中央検査部などの名称を持つ独立した部署となっている。さらに、病理診断を行う部署を設ける病院もある。

(1)構成

検査部で働くスタッフは、臨床検査技師、放射線専門医、診療放射線技師などである。

・臨床検査技師

検体検査のほか、採血などの診療の補助と、生理機能検査(厚生労働省令で定める生理学的検査)を行えることを特徴とする。

・診療放射線技師

医師・歯科医師の指示のもと、X線などの放射線を扱い、X線撮影装置・CT・MRIなどを操作し、画像情報の処理・加工なども行うことを特徴とする。

(2)業務

各種検査を実施し、検査結果を担当医に報告するとともに、適切な治療方法の選択、決定のために必要な情報を提供する。

検体検査、生理機能検査は、主に臨床検査技師及び衛生検査技師が行う業務である(表12、13)。生理機能検査は、医師や看護師が行うことも多い。内視鏡検査は、医師が操作を行う。放射線診断は、放射線専門医、診療放射線技師の業務である。

通常の診察・検査で疾患の原因を突き止められない場合には、病理診断を行う場合がある。病理診断は、患者から摘出した細胞や組織、臓器の一部を顕微鏡などで調べることで、診断を確定するものである。この診断を行うのは病理学の専門医の医師である。手術中に患者から切り取った臓器の一部を病理診断にかけ、病理医の迅速な診断によって手術を確実に進めるという方法もとられている。

医療経営士●初級テキスト4 55

第3章　病院の組織

表12　検体検査

検査名	内　容	調べる対象
尿・便等検査	尿や便などの成分	腎臓、肝臓、消化器の異常
血液学的検査	赤血球、血色素、白血球	貧血や炎症の程度
生化学的検査	血液中の糖質、タンパク質、ビタミン、ホルモンなど	臓器の異常
免疫血清学的検査	免疫機能の状態	細菌やウイルスの特定
微生物学的検査	採取した検体	細菌の検出
病理学的検査	身体の臓器や、その組織の一部	悪性細胞の発見

表13　生理機能検査

検査名	内　容	調べる対象
呼吸循環機能検査	肺活量測定など	
超音波検査	身体に超音波を当てる	臓器や胎児の状態
皮膚検査	血液検査、スクラッチテスト、パッチテスト、顕微鏡検査	アトピー性皮膚炎、食物、薬物、金属などに対するアレルギー、じんま疹、アナフィラキシーショック、水虫、いんきん、たむしなどのかびによる皮膚病、単純ヘルペス、帯状疱疹などのウイルス感染症、頭シラミや疥癬などの虫による皮膚病
脳波検査	脳波検査	δ波（デルタ波）、θ波（シータ波）、α波（アルファ波）、β波（ベータ波）の４つの脳波より、てんかん、脳腫瘍、脳挫傷等
眼検査	視力測定、細隙灯顕微鏡検査、視野検査、眼底検査、眼圧検査、神経線維層厚測定、シルマーテスト、網膜電図（ERG）、超音波眼球検査	裸眼視力・矯正視力、眼球、網膜や視神経、神経線維層、ドライアイ、網膜
負荷試験	ブドウ糖負荷試験、食物負荷試験、運動負荷試験、薬物負荷試験	一定の刺激の負荷を与えた際の生体反応

（3）放射線部（科）が行う検査・診断

　放射線診断は治療との関係が密接なため、診療科の１つとなっていることが多い（表14）。放射線科の業務には、次のようなものがある。

・放射線治療

　主にがん患者の患部に放射線を照射することで治療を行う。がん治療の主軸は、外科手術、化学療法、放射線療法である。その中で放射線療法は、機能と形態を温存でき、QOL(生活の質：Quality of Life)を考慮した治療方法として知られている。

・放射線診断

　患部に放射線を当てることで、患部の状態を確認し、診断・治療に役立てる。CT、MRIなどの画像診断、血管造影、核医学などがある。

その他のメディカルスタッフ部門 ❹

表14　放射線診断

一般撮影検査	X線を使って、胸部や腹部、骨、軟部組織などの撮影を行い、状態を観察する。撮影された画像は、CR（Computed Radiography）システムによってデジタル化され、目的部位や検査種別に応じて最適な画像を迅速に提供する。
CT（Computed Tomography）	コンピュータを使って身体の断層面をみる。最近、使われることが多くなったマルチスライスCTによって、従来のCTに比べて短時間で多くの断面を高精度・高密度に撮影でき、より細かい立体画像を撮影することが可能となった。
MRI（核磁気共鳴画像：Magnetic Resonance Imaging）	磁石と電磁波の力によって人体のさまざまな部位の断面を撮影し、身体の中を観察する。磁場の影響があるため、金属物（血管クリップ、人工関節など）を装着している人は検査できないことがある。
血管造影検査	心臓や頭部、腹部など通常の放射線検査ではみえにくい箇所の血管を確認する。太もものつけ根や手首を入口として、血管内にカテーテルを挿入し、血管内に造影剤を注入して、血流動態確認や血管内治療を行う。
核医学検査	γ（ガンマ）線という放射線を放出する少量の検査薬（放射性医薬品）を使い、ガンマカメラという特殊なカメラで体内の状態を調べて画像化（シンチグラム）する。検査薬が身体のどの部分にどのくらい集まっているか、また集まる時間や分布を調べることで、病気の位置や臓器の状態・機能を知ることができる。PET（Positron Emission Tomography）と呼ばれる医療機器が用いられる。

4　リハビリテーション部

医療機関でのリハビリテーションは医学的なものが主体となる。病気や外傷が原因で心身の機能と構造の障害、生活上の支障が生じたとき、個人が生活する環境を対象として、機能回復・機能維持を目的に、多数の専門職種が連携して問題の解決を支援する。

開胸・開腹手術の術前・術直後から呼吸リハビリテーションを行って合併症の発生を未然に防ぐことや、心筋梗塞などを予防するために日常生活上の食事や運動を指導するなど、病気予防への取り組みもリハビリテーションの対象となる。

（1）構成

医学的なリハビリテーションは、原則として医師の指示のもとで行われる。リハビリテーション専門医、リハビリテーション看護師、理学療法士（PT：Physical Therapist）、作業療法士（OT：Occupational Therapist）、言語聴覚士（ST：Speech Therapist）、臨床心理士、義肢装具士、社会福祉士など多くの専門職がかかわる。

臨床心理士は、脳卒中、脳外傷、脳性麻痺などの中枢神経系の障害や自閉症、多動などの患者に対し、認知機能と性格の評価、治療、支援活動などを行う。

（2）業務

リハビリテーションにおいて、医師は、障害の状況を総合的に診察・評価してリハビリ

医療経営士●初級テキスト4　57

テーションの目標を設定し、目的と方法を提示する。また、看護師は、入院中の患者の活動能力を把握し、退院後の生活を想定して他の専門職と協力し、日常生活の自立と家族への心理的支援を行う。リハビリテーションの内容は、主に次のようなものである。

・理学療法(Physical Therapy)

　関節可動域の増大、筋力の増強のほか、寝返り、起き上がり、起立、歩行などの練習・指導を含んだ運動療法によって身体機能の改善・維持を図る。

・作業療法(Occupational Therapy)

　手芸、革細工、木工、金工などの作業を通じて心身機能の回復・維持を図り、各種作業を応用して職業前評価・指導と、趣味娯楽の開発・指導、精神的作業療法を行う。

・言語聴覚療法(Speech Therapy)

　言語概念の障害である失語症と言語発達遅滞、麻痺性構音障害、吃音、難聴など言語・聴覚機能に障害のある患者に対して機能回復訓練を行う。

5 栄養部

　栄養部の存在意義が、高まっている。これまでは病院内で食事をつくる部門と考えられがちだったが、近年では「健康のための食事の知識を患者に提供する」「栄養管理をする」役割が大いに評価されつつある。

(1)構成

　栄養部は、主に管理栄養士と栄養士、調理師が働く部署である。100床以上の病院は、栄養士を1人以上配置しなくてはならないとされている(医療法施行規則第19条)。特定機能病院および300床以上の病院においては、管理栄養士を1人以上配置しなければならないとされている(医療法施行規則第22条の2および健康増進法第21条の1)。

(2)業務

　栄養部の業務には、次のようなものがある。

・患者の状態に合わせた食事の提供

　普通食や分粥食(おかゆ)だけでなく、塩分やたんぱく質などが制限された食事、ミキサーで材料をつぶして飲み込みやすくした食事など、患者の状態に応じた食事を提供する。

・栄養管理・指導

　糖尿病や高血圧症などの生活習慣病、腎臓病などの患者に、療養上必要な栄養の指導を行う。患者ごとに個別栄養管理を行い、感染症の予防や褥瘡の早期治癒に役立てる。

・NST(栄養サポートチーム：Nutrition Support Team)

　管理栄養士と、医師や看護師、その他のメディカルスタッフが連携し、患者の栄養状態

を高める活動を行う。他に、薬剤師との連携により食事と薬剤の相互作用を確認したり、言語聴覚士との連携により患者の摂食能力を高めるなどの活動も行う。

6 地域医療支援部

　患者の継続的な治療・介護には、入院から在宅、在宅から入院への切れ目ない支援が必要である。そのために、行政や地域のさまざまなスタッフと連携し、地域における病院と診療所の連携（病診連携）、病院と病院の連携（病病連携）の架け橋となる部署である（表15）。地域医療と高度医療の連携を図るため、地域中核型病院や大学付属病院などに設けられている（図7）。

▌ (1) 構成

　地域医療支援部には、医師、看護師、社会福祉士、精神保健福祉士などがいる。

・社会福祉士

　社会福祉士及び介護福祉士法に定められた国家資格。社会福祉士の名称を用いて、専門的知識・技術をもって、身体上や精神上の障害がある者、または環境上の理由により日常生活を営むのに支障がある者の福祉に関する相談に応じ、助言、指導、福祉サービス関係者等との連絡及び調整、その他の援助を行う。

・精神保健福祉士

　精神保健福祉士法に定められた国家資格。精神障害の保健及び福祉に関する専門的知識・技術をもって、精神科病院等の医療施設で、精神障害者の社会復帰に関する相談援助を行う。

▌ (2) 業務

　「退院の許可は出たが自宅での生活に不安がある」「介護保険サービスを受けたい」「在宅での訪問診療を希望したい」「訪問看護を利用してみたい」「遠くの病院に入院しているが、近くの病院に移りたい」といった、患者や家族からの相談に対応している。

表15　**医療連携のメリット**

①各医療機関が役割を分担することで、受診者にとって必要かつ良質な医療（検査・治療）を提供できる。
②他の医療機関からの紹介により事前予約をすることで、外来患者の待ち時間が短くなる。
③診療情報の提供により、検査の重複を防ぎ、患者の心身や医療費の負担を軽減できる。
④病院での治療終了後、スムーズに地域の医療機関（かかりつけ医）を受診できる。

第3章　病院の組織

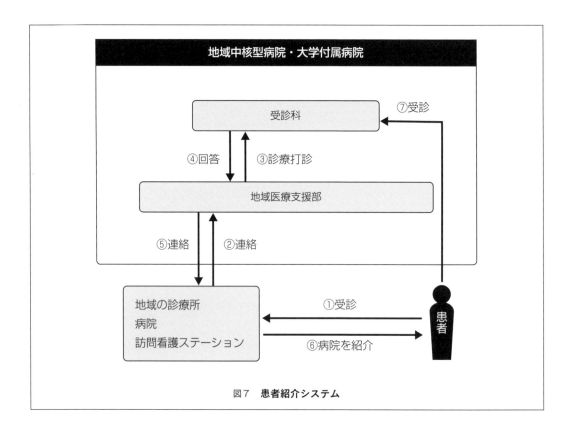

図7　患者紹介システム

7　相談部

　患者やその家族は、病気やけがによって大きなショックを受けたり治療が長期にわたると、「入院で家計収入が途絶え、入院費が払えない」「どのような治療をするのか」「療養中の家事や育児が心配」「社会復帰できるか」など、経済的・精神的・心理的な悩みや、家族関係、職場復帰などさまざまな不安を抱えるものである。このような悩みや不安の相談にのったり、問題解決に向けて支援するのが相談部である。

(1) 構成

　相談部には、医療ソーシャルワーカー(MSW：Medical Social Worker)、精神科ソーシャルワーカー(PSW：Psychiatric Social Worker)が所属していることが多い。
　現在、相談支援・援助などの業務を行っている職種で国家資格が必要なのは、精神保健福祉士と社会福祉士(ソーシャルワーカー)のみである。
・医療ソーシャルワーカー
　主に医療施設で働いているソーシャルワーカーで、社会福祉士の資格を持つことが多い。診療時間においては看護部がソーシャルワーカー業務に対応していることもある。ソー

シャルワーカーは社会福祉の視点で患者や家族の相談にのり、経済的・心理的・社会的な悩みなどの問題解決を支援する。医療分野における心理的・社会的な問題やストレスをカバーして支援するのが業務である。健康保険制度や社会福祉制度などの社会資源を有効活用し、必要な専門的情報を与えながら、患者やその家族を包括的に支援する。看護師の視点は、予防、診療、処置、日常生活の動作等を主体に患者やその家族を包括的に支援している。

・精神科ソーシャルワーカー

精神保健福祉学の視点で、精神障害者の抱える生活上及び社会上の問題解決のための援助や、社会参加に向けての支援を行う。精神保健福祉士が業務を行う。

▌(2)業務

相談部は、生活保護の申請、治療方針の決定、終末期医療の選択など、さまざまな問題について、患者や家族の相談にのる。

その業務は、精神科病院、総合病院、診療所、デイケアなどによって違うが、主に療養中の心理的・社会的問題の解決、調整援助、退院援助、社会復帰援助、受診・受療援助、経済的問題の解決・調整援助、地域活動の支援などである。

5 管理部門

1 事務部

　事務部は、病院の規模や内容によって名称などにも違いがみられる。人事課、経理課などは一般的で、施設・用度課などの業務を総務課に含める病院もある（表16）。近年のIT化に伴い、経営・企画、情報管理などの部署を独立して設置する病院も増えている。

　事務員は、各専門職間の隙き間を埋める潤滑油となるべき役割を担っている。車のエンジンのように、潤滑油がなければ各部品は効率的に動かないものである。国家資格は必要ない職種だが、対象とする業務の幅は最も広い。

表16　事務部各課の主な業務

医事課	診療費を請求するための書類の作成、外来の受付、診察料の請求、入退院の手続きなど
施設課	快適な環境の中で診察などができるように、電気設備・給排水設備・空調設備・医療ガス設備・ボイラー施設・汚水処理施設の管理、建物営繕、駐車場管理、植栽管理など
用度課	さまざまな医療機器や薬剤など、院内で使用される物品の購入・管理
人事課	全職員の履歴書などの管理、入退職員の管理
経理課（財務課）	収支管理、財務・損益処理、財産台帳等の作成・整理
広報課	病院のイメージアップ（治療成績や職員・患者満足度のデータを公表するなど）
企画課	病院における年間行事や、病院の存続を考慮した施策の企画・検討

2 医事課

　医事課は医療事務を行う部署であり、職員だけでなく派遣社員やアルバイトスタッフなども働いている。その業務の中心は、診療報酬の算定と保険請求である。

　病院で診療が行われると、事務員は診療報酬点数表と薬価基準に基づいて診療費を算定し、そのうちの自己負担分を患者から徴収し、残りを保険者（医療保険の運営者）に請求する。請求は、一定の様式にしたがってレセプト（診療報酬明細書）を作成し、前月の1か月分を取りまとめて保険者に送る。このレセプトの内容が審査を経て認められることで、診療が現金化され、病院の収入になる。そのため、この過程は病院経営にとって大変重要な

ものであり、未回収分が出ないように正確かつ迅速に遂行されなければならない。

・受付業務

　予約受付、入退院事務、他のスタッフへの連絡など。

・会計業務

　診療費の会計、未収金管理・回収など。

・カルテ（診療録）の管理

　カルテのファイリング・保管管理・点検、データ分析など。

・保険請求

　レセプト作成、保険者への請求など。

3　情報管理部

　病院で扱う情報には、レセプト情報、オーダ情報（医師による指示）、カルテ・電子カルテ情報、検体検査情報、看護情報、財務会計情報、人事管理情報、労務管理情報から始まり、職員間、職員と患者、職員と院外のやりとりなど、診療情報から病院運営上の情報までさまざまある。これらの院内で発生する全情報を扱うシステムを、院内情報システムと呼ぶ病院が多い。また最近では、部門ごとのシステムではなく、院内全体をとらえるシステムとなっている。

　情報管理部は、院内情報システムの構築、運営、保守のほか、コンピュータ端末の保守なども担当する。この部署に所属することが多いのは、民間資格である診療情報管理士や医療情報技師である。診療情報管理士は、診療記録及び診療情報を適切に管理し、その情報をもとに、医療の安全管理や質の向上、経営管理に寄与することを目的としている。

　院内情報システムには多くの情報が蓄積されている。情報を管理する際には、蓄積されているデータを学会発表などで活用することも考慮し、データ抽出の容易さを考慮する必要がある。

　院内情報を扱う際には、情報開示にも気を配らなければならない。患者の権利意識が高まったことなどから、セカンドオピニオン、医療事故の疑い、自己記録管理などのために、患者が情報開示を要求する機会が増えている。

　また、個人情報保護法により、個人情報に対する利用目的の特定、第三者提供の制限などを院内掲示などで示すことが病院に義務づけられている。医師や看護師などの国家資格には、資格について定めた各法律において守秘義務が課せられている。それらの職種を含むすべての職員は、院内情報を扱う際には、個人情報保護に留意しなければならない。院内情報システムからのデータ抽出において、個人情報保護対策を講じることも必要である。

確認問題

問題1 病院で勤務する専門職について、次の選択肢のうち正しいものを2つ選べ。

[選択肢]

①看護部の人員の主体である看護師と准看護師は、保健師助産師看護師法で定められる国家資格である。

②医療関係資格のなかで医師に対して疑義照会できるのは、薬剤師と診療放射線技師のみである。

③リハビリテーションを担う理学療法士、作業療法士は、名称独占の資格である。

④NSTは、管理栄養士や医師、看護師、言語聴覚士等のさまざまな職種が連携することが求められる。

⑤医療機関で医療ソーシャルワーカーとして勤務するためには、社会福祉士の資格を有していなければならない。

確認問題

解答　解説

解答 1　③、④

解説 1

①×：准看護師は都道府県知事による免許で国家資格ではない。現在、准看護師は廃止の方向で進んでおり、診療報酬の人員基準等では准看護師の場合の減算が設定されている。

②×：医師に対して疑義照会できるのは薬剤師のみである。

③○：選択肢のとおり。

④○：選択肢のとおり。

⑤×：医療ソーシャルワーカーには社会福祉士が多いが、特に定められてはおらず必須ではない。

医療経営士●初級テキスト4　65

第4章
病院内の委員会

1. 委員会の意義と役割
2. さまざまな委員会（その1）
3. さまざまな委員会（その2）

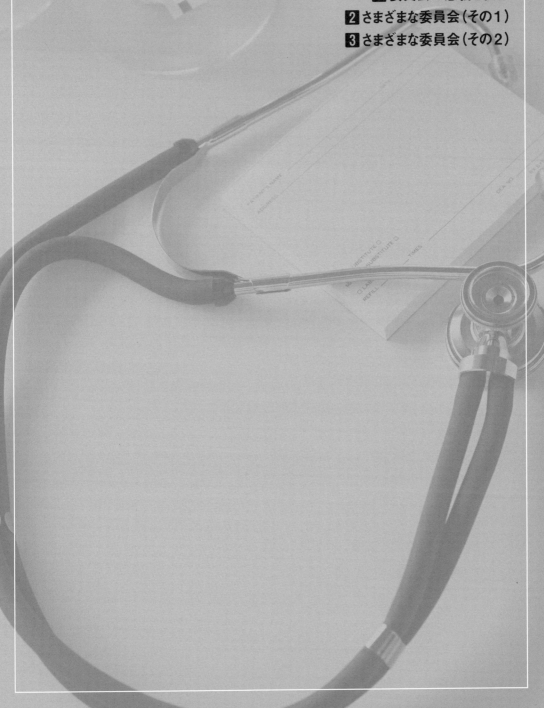

委員会の意義と役割

1 委員会の意義

　医療の質や病院経営をよくするうえで重要なことは、医師をはじめとする医療従事者がチームとして効率的に活動することである。チーム医療については、以前から重要性が指摘されてきた。これを受けて、近年、病院内や地域全体をチームとして、医療サービスを提供する体制がとられつつある。医療従事者間の情報共有や円滑なコミュニケーションが十分にできていない病院は、医療の質が低下しやすく、インシデント[*1]やアクシデント、医療事故の発生も多くなりがちである。また、効率的な医療サービスの提供ができず、赤字体質になっていることも珍しくない。

　今後ますます必要性が高まると考えられるチーム医療を実践していくためにも、病院内の横のつながりを強めていくことが不可欠である。そこで、従来の縦割り構造を打破するための機構の1つとして、病院にさまざまな委員会がつくられるようになっている。各種の委員会を組織し、有効に活動させ、風通しのよい組織づくりを進めていくことが、医療の質を向上させ、病院経営をよくすることにもつながる。

　委員会には、医療安全管理委員会、感染症対策委員会、褥瘡対策委員会、NST(栄養サポートチーム)など、規定に基づいて設置・運営することで診療報酬が算定できるものもある。これにより、医療政策の側からもチーム医療を推進する意向が示されている。

2 委員会の類型

　病院には、運営や経営が適正に行われるための病院運営委員会、医療を安全に提供するための医療安全管理委員会、院内感染を防ぐための感染症対策委員会など、数多くの委員会が存在する。それぞれの役割については、次節以降で解説する。

[*1]　インシデント：患者に傷害を及ぼすことはなかったが、日常診療の場で"ヒヤリ"としたり"ハッ"としたりすること。インシデント事例は、ヒヤリハット事例とも呼ばれる。

3　経営系の委員会・会議

　経営と医療のバランスをとるためには、経営と医療業務を分離することが欠かせない。病院経営に関する最高意思決定機関は、医療法人であれば理事会であり、自治体病院であれば議会などである。医療法において、医療法人の経営をつかさどる理事長には、医師でなくても例外的に就任することが認められているが、医療と運営の責任者である院長は、医師や歯科医師でなければ就任することができない。病院経営の基本である医経分離は、非営利組織である病院経営の特徴である。

・経営会議

　経営全般について院長、事務部長、看護部長などが中心となって話し合うことが多く、病院の収支や今後の運営方針、CTなどの大型医療機器の導入などが議題となる。

第4章　病院内の委員会

② さまざまな委員会（その1）

　病院では、さまざまな目的から各種の委員会が開催されている。本節では、それぞれの委員会の役割について解説する。

　各委員会名の横に記載されたマークは、[経営]＝経営に関連する委員会、[業務]＝業務に関連する委員会、[点数]＝診療報酬に関連する委員会の分類を示している。

1　医局会　　　　　　　　　　　　　　　　　　　　　　　　[経営][業務]

　医師の所属部門である医局の会議で、副院長や医局長が中心となって開催されるが、事務部長や看護部長が参加することもある。病院の診療方針や症例の検討を行う。

■（1）臨床に関する現場の意見

　病院の規模などにより位置づけや内容が違ってくるが、中小病院における医局会は、臨床に関する現場の意見として病院運営委員会と同様の影響力を持っている。

　病院によっては、医局会が薬事委員会や症例検討会を兼ねている場合もあるが、基本的には医局で決めなければならないことが優先事項となる。年末年始の診療スケジュールや当番の確認といった事務的内容から、患者のクレーム、近隣の医療機関の診療に関する情報、新しい医療機器の導入、レセプトの返戻や査定についても議論される。

■（2）医療サービスから経営の方向性まで

　議題は、医療サービスから病院経営の方向性まで、多岐にわたる。中心は、病院の診療方針など臨床に関する事項で構成されるが、運営方針に関して議論されることも珍しくない。例えば、本来は経営的問題であるDPCの導入は、臨床に影響を与えることもあることから医局会でも議論される。病院において、医療と経営は車の両輪に当たり、医師はそのいずれにもかかわる存在である。

　これからの病院経営のキーワードは、医療と経営の最適バランスを構築していくことである。そのためには、経営に携わる事務部長や看護部長が医局会とうまく連携できる体制を考えなければならない。実際に、事務部長や看護部長が医局会に参加している病院も珍しくない。

さまざまな委員会(その1) ❷

(3)情報提供の場としての活用

　医局会では、さまざまな部門からの医師への要望や報告などが議題として挙がることも多い。例えば、医事課から診療報酬算定上の変更点や注意点など、看護部から医療材料の変更などの報告が行われる。

　新しい医療機器の導入に際して、医療機器メーカーがプレゼンテーションやデモンストレーションを行ったり、薬事委員会で導入が決まった医薬品についてMR[*1]が薬剤の作用機序をプレゼンテーションするなど、医師への情報提供の場としても活用されている。

2　薬事委員会　　　　　　　　　　　　　業務

　病院が提供する薬物療法を効率的・効果的に行うための機関である。主に医薬品の採用と不採用について審議し、院内の医薬品情報管理、医薬品の採用手順やルールなども定める。

(1)情報の共有とルールづくり

　各診療科の医師、薬剤部長、事務部長が中心となって運営される。看護部長が参加している病院もある。医薬品の採用においては、多くの場合、新規医薬品を採用したい医師、在庫を増やしたくない薬剤部長と事務部長、手間を増やしたくない看護部長など、それぞれの意見がぶつかり合う。そんな中で、必要な新規医薬品を上手に採用するためにはチームの連携が重要である。医師や薬剤部長、事務部長、看護部長が情報を共有し、それぞれの立場から新製品の必要性を認めることができれば、採用がスムーズに行える。そのためには、医薬品の採用手順やルールについて、あらかじめ協議しておくことが大切である。

(2)医薬品採用の流れ

　薬事委員会ではまず、診療科や医師が、新規医薬品を採用したい理由などについて報告し、医薬品の成分やどのような疾患に有効であるかを説明する。その後、薬剤部長などから提示された医薬品について、薬剤部の意見が述べられる。薬剤部は、薬剤の臨床的な意義だけでなく、病院経営の視点から導入が実現できるかどうかを検討しなければならない。

　問題がなければ、新規医薬品として採用される。ただし、医薬品名がまぎらわしく取り違えの危険性がある場合など、関連する診療科や薬剤部、看護部などの理解が得られない場合には、採用が見送られることがある。また、たいていの診療科では、新規医薬品を採用すると同時に採用からはずす医薬品を選択しなければならない。これは、薬剤が増え続

────────────

＊1　MR：Medical Representative の略。医薬情報担当者。医師と薬剤師を中心に、医薬品の販売を目的とした医薬品情報を提供する製薬会社の社員。

医療経営士●初級テキスト4　71

第4章　病院内の委員会

けることによって在庫管理が煩雑化することや、薬剤名の混乱による医療事故などを防ぐためである。

3　看護師長会　　　　　　　　　　　　　　　　　　　　　　　　業務

　看護師長会は、毎月1回程度、看護部長と看護師長を中心に開催される。病院運営委員会をはじめとする各委員会からの伝達、看護部独自の業務改善委員会や教育委員会などの報告が行われる。看護師長会における伝達事項は、各看護師長より、カンファレンスなどの際に他の看護師等に伝えられる。看護部は病院組織の中で職員の約半数を占める大所帯であり、伝達事項をいかに周知徹底するかが重要となる。

　病院に新しい医療材料やITシステムを導入する際は、関連する部署や委員会の代表者が看護師長会に出席し、プレゼンテーションを行う。医薬品は看護師が投与することが多いため、看護師長会に薬剤部長が出席して説明することもある。病院における医療業務は看護師なしでは行えないことが多いため、病院内で新たな取り組みを行う際は、看護師長会での結論が採用・不採用のカギを握ることも多い。

4　病院運営委員会　　　　　　　　　　　　　　　　　　　　　　経営

　病院長を中心に、医局や看護部、薬剤部、画像診断部、検査部、事務部などさまざまな部門の責任者が集まり病院運営について議論する、病院運営上の最高決定機関である。これまで病院運営の中心は医局だったが、チームで医療を提供することが求められる現在では、医師以外のさまざまな職種の病院経営への参加が必須となっている。

　病院運営会議は、毎月1回程度行われる。前月の病院の外来や入院の収入、外来患者や入院患者数に関するデータ、部門別の原価計算など経営データや指標をもとに、各部門から提起されたテーマや課題について話し合い、役割分担などが決定される。

　病院運営委員会がどのように機能しているかが、病院経営の優劣を分ける。委員会にまとまりがあり、決断が早い病院ほど、質の高い経営をしていることが多い。病院も企業と同様、素早い決断が経営を左右するといえる。その機能を十分に働かせるためには、経営企画課の担当者などが適切な企画案をつくり、委員会を通じて各部門と連携しながら企画を実行していく必要がある。

5　教育研修委員会　　　　　　　　　　　　　　　　　　　　　　業務

　職員に対する教育・研修について、方法やスケジュールなどを審議する委員会である。メンバーは、医局や看護部、薬剤部、事務部などさまざまな部門から選出される。

さまざまな委員会（その1） ❷

医療技術は日進月歩であり、医療従事者の研修は経験年数にかかわりなく不可欠である。同委員会は、新人に対しては、病院の組織の一員として一定の知識・技術を身につけられるよう、年間計画を定め、計画的に教育研修を進める。また、経験年数の長い職員に対しても、医療の知識・技術の向上、医療制度の新たな仕組みや法改正の内容把握など、随時、研修会や学習会を開催し、能力向上のバックアップに努める。近年では、病院の安全管理や感染管理、個人情報保護など、医療制度と連動した研修を行わなければならないケースも増えており、同委員会には、それらの情報を収集し、適切な研修を行うことが求められる。

また、病院は院外の研修生もさまざまなかたちで受け入れている。中でも、地域の医療従事者の技術向上への取り組みが医療法で規定されている地域医療支援病院の場合、当該委員会が、地域全体の医療連携を前提とした教育研修を遂行する役割を担っている。

6　業務改善委員会 　　業務

業務内容の改善を図り、医療の質の向上及び業務の効率化を図る任務を担う委員会である。医局や看護部、薬剤部、事務部など各部門から選出されたメンバーにより構成される。

同委員会は、看護師の交代勤務方式の変更といった各部門内の業務改善から、電子カルテの導入といった病院内の横断的な業務改善まで、さまざまな審議を行う。最近は、安全管理委員会でも、他院で生じた医療事故を検証し、同様の事故を防ぐために作業内容を変更するといった医療安全のための業務改善を行うことがあり、委員会間の連携が重要になっている。

病院経営の安定化を図るためには、業務内容やその過程を変革し、医療の質を確保しながら同時に効率を上げることが求められる。その取り組みとして、病院機能評価[*2]やISO[*3]の導入、TQM[*4]、QCサークル[*5]といった業務改善のためのツールを導入する病院も増えている。当該委員会は、それらの導入に向けた下調べや、導入後の不具合の調整、改善状況の報告などを行う。今後も、医療の質の向上と、業務の効率化の両方を求める医療政策は続くとみられ、業務改善委員会は病院の将来を担う組織といえる。

＊2　病院機能評価：厚生労働省、日本医師会などの後援により設立された日本医療機能評価機構による第三者評価のこと。審査を通過した病院には、認定証が発行される。

＊3　ISO：国際標準化機構(International Organization for Standardization)は、国際的に通用する業務の規格を規定する組織であり、その認証規格のこと。

＊4　TQM：Total Quality Managementの略。TQC（総合的品質管理：Total Quality Control）を基盤に、その考え方を業務や経営へと発展させた管理手法。

＊5　QCサークル：同じ職場内で品質管理活動を自主的に行う小グループのこと。品質や生産性の向上の他、社員の自己啓発、相互啓発にも役立つ。

医療経営士●初級テキスト4　73

第4章 病院内の委員会

7 広報委員会 [業務]

　地域に病院の存在を知らしめていくことを目的としており、病院の広報活動の要である。メンバーは、広報課と各部署の管理者が中心となる。

　病院は、医療法により広告できることが制限されている。例えば、広告できる診療科名は医療法により定められており、それ以外は広告できない（医師の専門医資格については、最近、広告できるようになった）。そのため、病院にはマスメディアを利用した広告以外のプロモーション戦略が必要となる。また、これまで広告に該当しないとされてきたホームページは医療法上の広告に含めて規制の対象とすることになり、虚偽・誇大等の不適切な表示が禁止されている。

　これまで広報委員会は広報誌を制作する委員会として機能している場合が多かったが、近年では病院のホームページ作成も行われるようになった。また、院外だけでなく、院内広報誌を発行している病院も多い。院内広報誌には、職員の情報共有やコミュニケーション促進など、さまざまな役割がある。

　広告規制は、医療情報に対する国民のニーズの高まりを受け、患者が自らの判断で適切な病院を選択できることをめざして、次第に緩和されつつある。病院の特徴を適切に紹介することで、患者数を増やし、経営の安定化を図ることができる。

8 倫理委員会 [経営][業務]

　医師の倫理観を高め、患者の人権を守るために、まだ治療法が確立されていない最先端治療や、病院内部で行われる治験研究のうち患者がかかわるものなど、病院としての倫理が問われる問題を検討する。また、個人情報保護の観点から院内情報の扱いなども審議する。

　各部門の代表者が中心となり、臨床試験（治験）や医学研究、最先端治療の実施が申請された際などに不定期で開催される。法律の専門家が参加する場合もある。

　近年、多くの病院で倫理委員会が設置されるようになった。人々の権利意識の高まりや、情報開示の考え方が浸透してきたことなどから、病院の活動において倫理的な側面から検討しなければならない機会が増えてきたのである。

　医療訴訟の問題もある。患者に何らかの不利益が生じた場合、その行為を行った本人だけでなく医療機関全体が責任を問われることになり、事故の発生や個人情報の流出は医療機関の存続すら危うくしかねない。

　特にEBM[6]が重要視される中、最先端の治療や臨床治験に取り組むにあたっては、倫理委員会によって病院の方針を明確にしておかなければならない。

---

[6]　EBM：Evidence Based Medicineの略。根拠に基づく医療のこと。個々の医療従事者の経験に左右されがちだった医療の内容を標準化しようとする考え方。

さまざまな委員会（その1）❷／さまざまな委員会（その2）❸

❸ さまざまな委員会（その2）

1 医療安全管理委員会　業務 点数

　インシデント事例やアクシデント事例の収集と事例検討、業務改善や患者の安全のための業務設計を行うことなどを目的とする。医師、看護師、薬剤師、臨床検査技師、診療放射線技師、事務部長などが参加し、月1回程度、開催される。委員会は事例報告書を作成し、その内容の検討や改善案の提示、院内の体制変更、研修会の企画などについて審議する。各委員はその内容を部門に持ち帰って報告・啓蒙を行う。

　病院における医療安全への取り組みは、医療法と診療報酬により規定されている。医療法では診療所と病院、自治体などによる取り組みが求められており、そのために必要な体制は、①医療安全の委員会、②医療安全のガイドライン、③医療事故などの報告体制の整備、④医療安全に関する職員研修の整備である。

　診療報酬では、入院基本料の施設基準として医療安全の体制が義務づけられるとともに、取り組みを強化している病院に対する医療安全対策加算が設定されている。この加算は、医療安全管理部門の設置と専従者の配置、医療安全にかかわるインシデントやアクシデントの分析、業務改善が行われている場合に算定できる。

　最近は、電子カルテなどと連動したコンピュータを使った安全管理システムを導入する病院もある。医療安全管理委員会は、IT化による安全管理の向上についても検討する必要が出てきている。

2 診療録管理委員会　業務 点数

　診療録（カルテ）の適正な運用を目的とし、病院のために有効な診療情報を管理するための委員会である。診療録管理を担当する部署と医局、看護部の代表など、診療録や診療情報にかかわる部門から委員が選出される。

　医師法や保険医療機関及び保険医療養担当規則において、病院は、医師が診療の際に記載した患者の診療に関する記録を保存しなければならないとされており、診療録管理体制の整備は、診療報酬における入院基本料等加算の算定基準の1つでもある。

　病院における診療情報の取り扱いは、これまで臨床へのフィードバックや医学研究が中

医療経営士●初級テキスト4 | 75

第4章　病院内の委員会

心であったが、最近は患者への開示、病院経営へのフィードバックといった点が課題となっている。また、同委員会は、電子カルテの導入や運用にも柔軟に対応しなければならない。

3 患者サービス向上委員会 〔経営〕〔業務〕

　医療サービスのうち間接的なサービスを向上するための委員会である。院長などを中心に、看護部や事務部が中心となって活動する。病院内の接遇教育や、患者とのコミュニケーションに関する研修会は、サービス向上委員会が開催することが多い。

　医療がサービス業であると認識されるようになり、受付応対や院内の清掃管理といった間接的サービスの向上が課題となっている。サービス向上委員会では、患者アンケートの結果や投書箱への投書、食事に関するアンケートなどをもとに議論が行われ、それらの意見を参考に、施設や設備、業務の改善などを行う。

　最近では、診察時の応対など医師のコミュニケーション能力なども問われるようになっているが、患者サービス向上委員会では医療従事者が行う直接的な医療サービスについては議論されない。

4 給食委員会 〔業務〕〔点数〕

　病院の食事や患者の栄養状態の向上を目的とする委員会である。栄養部の管理栄養士を中心として、医師、看護師、事務職員などが参加する。薬剤師や言語聴覚士が参加し、薬剤と食事の相互作用や食事を経口摂取する際の嚥下の問題なども話し合われる。

　同委員会は、献立、調理、配膳などの問題点について議論し、患者の栄養状態や食事の満足度の向上を図る。また、材料費や人件費の適正化などの問題も話し合い、外部委託についてや委託先のサービス内容についても検討する。その中で、献立を作成する管理栄養士、実際に食事をつくる調理師、食事を配膳し患者に喫食させる看護師、経費削減を求める事務部など、それぞれの立場からの意見が考慮されなければならない。

　最近は、診療報酬においても評価されているNST（栄養サポートチーム：Nutrition Support Team）を発足させる病院が多い。管理栄養士、医師、看護師、薬剤師、言語聴覚士などが連携し、患者に最適な栄養剤の種類や量、投与方法の検討、術後の早期回復に向けた食事摂取におけるプロトコル作成などを行うもので、医療の側面が強い活動内容となる。

5 輸血療法委員会 〔業務〕〔点数〕

　診療報酬の輸血管理料を算定するにあたって設置が義務づけられており、年数回以上開

76　医療経営士●初級テキスト4

さまざまな委員会(その2) ❸

催される。医師や臨床検査技師を中心に、輸血用血液と血液製剤が適切に管理されている
かどうかを審議するほか、血液製剤による感染症や血液製剤の適正使用に関する教育活動
を行う。

　近年は、血液製剤に由来した感染症や血液製剤の不足などが問題となっているため、医
療資源として血液製剤が効率的に使用されることが求められており、輸血療法委員会の重
要性が高まっている。

6　検査精度管理委員会　　業務 点数

　生化学検査などの検査精度向上のための委員会である。検体管理加算を算定するにあた
り、設置が必要となる。同委員会は、医師と臨床検査技師が中心となって行われる。

　都道府県医師会や都道府県検査技師会は検査精度管理事業を行っており、その中で割り
出される平均値や標準偏差値により、各病院の検査精度を知ることができる。検査精密管
理委員会はこの事業に参加し、その結果、検査精度に問題がみつかれば、検査機器の不具
合など、検査データの問題の原因を追究する。また、医局や看護部から検査部への要望を
聞き、当該委員会で審議された事項を医局会などで報告するなど、検査にかかわるチーム
医療の提供において重要な委員会である。

7　クリティカルパス委員会　　業務

　クリティカルパス*1の作成、承認、運用、改訂などを行う委員会である。医師や看護師、
その他のメディカルスタッフ部門の職員、情報管理部の事務員などから構成される。

　クリティカルパス作成のメリットは、治療過程の可視化である。これにより医療従事者
は多職種の業務内容を一度に把握することができ、業務の無駄を省いたり指示漏れを防い
だりできることから業務改善にもつながる。また、経営面においては導入により入院日数
の短縮化を図ることができ、患者や家族もどのような治療が行われるのかを知ることがで
きるというメリットがある。

---

*1　クリティカルパス：患者ごとの治療内容がスケジュール表としてまとめられたもの。横軸に日時（入院○日目、手術日など）、縦軸
　　に目標や、その日に行われる予定の医療行為（薬剤、治療、処置、検査など）、安静度、清潔、栄養、指導などの項目を設けた
　　一覧表で、これにより一人の患者の医療・療養内容が一目でわかるようになっている。
*2　褥瘡：長時間にわたり皮膚を圧迫してしまうことによって生じる皮膚の潰瘍。床ずれも含む。

医療経営士●初級テキスト4　77

第4章　病院内の委員会

8　褥瘡管理委員会　　　業務　点数

褥瘡*²について経験のある医師や看護師を中心として、褥瘡の予防や早期治癒を目的に活動を行う。病院における褥瘡の管理は、皮膚科や形成外科の医師、褥瘡管理を担当する看護師、WOCナース（創傷・オストミー・失禁のケアを専門とする看護師）、臨床検査技師などのチームで行っており、これが同委員会のメンバーとなる。

栄養状態が悪い患者は褥瘡ができやすく、特に寝たきりの患者は褥瘡ができるリスクが高い。褥瘡になってしまうと治りづらく、長期入院となりやすい。褥瘡は患者の入院日数に影響を与えるため、平均在院日数の短縮を求められている病院が褥瘡予防に取り組む意義は大きい。

褥瘡の管理は、診療報酬において入院基本料の算定基準となっている。その要件は、①褥瘡対策が行われている、②褥瘡対策にかかわる専任の医師、看護職員から構成される褥瘡対策チームが設置されている、③日常生活の自立度が低い入院患者については、褥瘡に関する危険因子の評価を実施する──の3点である。この基準に加え、一定の条件を満たせば入院中に1回、褥瘡ハイリスク患者ケア加算を算定できる。これは病院の褥瘡管理レベルを知る目安となっており、褥瘡ハイリスク患者ケア加算は、WOCナース配置を求めるものといえる。

9　感染症対策委員会　　　業務　点数

MRSA（メチシリン耐性黄色ブドウ球菌）による院内感染が社会問題となったことをきっかけに設置されるようになった委員会で、院内感染や感染症に関するさまざまな活動を行う。診療部長、看護部長、薬剤部長、事務部長、臨床検査技師長などがメンバーとなる。

同委員会は、院内感染に対し、予防対策の立案、感染対策マニュアルの作成・改訂、研修会などによる教育、対策方法連絡網の整備などを行い、院内感染が発生した際には迅速かつ適切に対処しなければならない。院内における感染症患者の把握や、感染症情報の収集・周知などの役割も担う。

感染予防のためには、手袋やマスクといった備品のディスポーザブル（使い捨て）や、滅菌のための薬剤や機器の購入、設備の入れ替えなどが必要となり、感染症対策委員会における事務部の果たす役割は大きい。

確認問題

問題1 院内における委員会活動のうち、診療報酬に関わるものについて、次の選択肢のうち正しいものを2つ選べ。

[選択肢]

①広報委員会

②業務改善委員会

③褥瘡対策委員会

④患者サービス向上委員会

⑤医療安全管理委員会

確認問題

解答 1　③、⑤

解説 1

③○：入院基本料の算定基準として、褥瘡対策チームの設置が要件となっている。

⑤○：病院における医療安全への取り組みとして、診療報酬で規定されている。

第5章

病院関連施設

1 介護施設・事業所
2 保険薬局

第5章 病院関連施設

介護施設・事業所

1 医療と介護

　地域の医療機関には、慢性期病院、リハビリテーション病院、急性期病院、特定機能病院、専門病院、かかりつけ医(診療所)などがある。これら地域における医療機関が互いに協力しながら、患者の治療を継続的に行うことが機能連携として求められる。特に現在は、病院における平均在院日数の短縮が図られており、退院した患者は介護施設や在宅で医療を継続していくことになる。これらの患者は退院した後も引き続き医療サービスを必要としており、適切な医療が供給されなければならない。

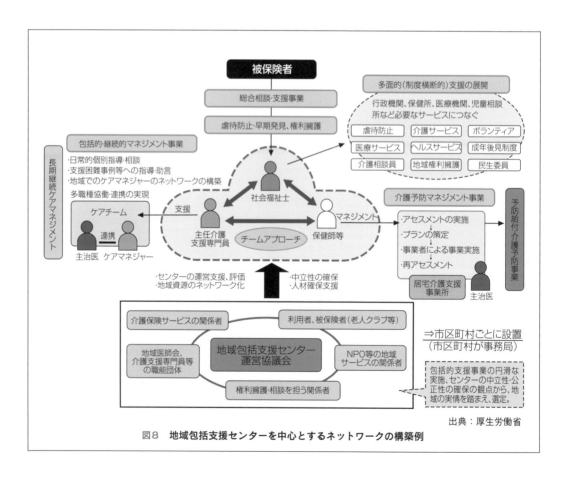

図8　地域包括支援センターを中心とするネットワークの構築例

出典：厚生労働省

介護施設・事業所 **1**

　そもそも在宅医療は、病気療養を居宅で行う患者のための医療である。病院を退院して在宅で療養を続ける患者が増加し、外来などを行わない在宅医療専門の診療所も増えてきた。病院は、在宅医療を提供する在宅療養支援診療所・病院や訪問看護ステーション、さらにさまざまな介護施設と連携し、退院後の患者の療養をともに支える使命を負っている。

　より効果的・効率的にサービスを行うためには、医療と介護・福祉が連携を強め、連続的にサービスを提供していく必要がある。そのために、地域における医療・介護・福祉を一体的に提供する(地域包括ケア)体制の実現をめざし、各機関の機能分化と、地域連携パスと呼ばれる機関間のネットワークづくりが進められている(図8)。

　「地域包括ケア研究会報告書」(平成22年3月)によると、地域包括ケアシステムとは、「ニーズに応じた住宅が提供されることを基本とした上で、生活上の安全・安心・健康を確保するために、医療や介護のみならず、福祉サービスを含めた様々な生活支援サービスが日常生活の場(日常生活圏域)で適切に提供できるような地域での体制」と定義される。そのサービスが提供される圏域については「"おおむね30分以内に駆けつけられる圏域"を理想とし、具体的には中学校区を基本とする」とされている。つまり、地域包括ケアシステムとは、中学校の登校圏内というイメージしやすい距離感を土台に、さまざまな取り組みをスムーズに行うものといえる。

2　介護保険サービスの種類

　介護保険サービスには、大きく分けて、居宅サービス、施設サービス、地域密着型サービスがある。小規模多機能型居宅介護、認知症対応型共同生活介護(グループホーム)など小規模な施設で行われる介護サービスは、地域密着型サービスに分類されている(表17)。

3　介護保険施設での療養

　有料老人ホームやデイサービスセンター、デイケアセンター、地域包括支援センターなど介護関連の施設・機関には、さまざまなものがある。このうち介護保険では、入所者に施設サービスを提供するものとして、介護老人福祉施設(特別養護老人ホーム)、介護老人保健施設、介護療養型医療施設、介護医療院の4つを定めている。

　入院治療を受けても完治とはならず慢性の経過をたどる患者については、本人の希望などを踏まえ、病院スタッフと施設職員が連携して退院から施設入所へのスムーズな移行を図ることになる。

医療経営士●初級テキスト4　83

第5章　病院関連施設

表17　介護保険サービスの種類（予防給付を除く）

類型	介護給付			
居宅サービス（居宅介護サービス）	居宅介護支援			
	福祉系サービス	訪問サービス	訪問介護（ホームヘルプサービス）	
			訪問入浴介護	
	医療系サービス		訪問看護	
			訪問リハビリテーション	
			居宅療養管理指導	
	福祉系サービス	通所サービス	通所介護（デイサービス）	
	医療系サービス		通所リハビリテーション	
	福祉系サービス	短期入所サービス	短期入所生活介護（ショートステイ）	
	医療系サービス		短期入所療養介護	
	福祉系サービス		特定施設入居者生活介護	
			福祉用具貸与	
施設サービス	福祉系サービス	介護保険施設	介護老人福祉施設	
	医療系サービス		介護老人保健施設	
			介護療養型医療施設	
地域密着型サービス	福祉系サービス		夜間対応型訪問介護	
			地域密着型通所介護	
			認知症対応型通所介護	
			小規模多機能型居宅介護	
			認知症対応型共同生活介護（グループホーム）	
			地域密着型特定施設入居者生活介護	
			地域密着型介護老人福祉施設入所者生活介護	
	医療系サービス		定期巡回・随時対応型訪問介護看護	
			複合型サービス（看護小規模多機能型居宅介護）	

84　医療経営士●初級テキスト4

介護施設・事業所 ❶

(1)介護老人福祉施設

　一般に特別養護老人ホーム(特養)と呼ばれている。常時介護を必要とし、かつ、居宅においてこれを受けることが困難な要介護者が入所対象となる。

　これは、入浴、排泄、食事などの介護、相談及び援助、社会生活上の便宜の供与、その他の日常生活上の世話、機能訓練、健康管理及び療養上の世話を行うことにより、入所者が能力に応じて自立した日常生活を営むことができるようにすることをめざす施設である。居宅生活への復帰を念頭におき、施設サービス計画に基づいてサービスが提供される。

　介護老人福祉施設は、特別養護老人ホームが、都道府県知事の指定を受けて介護保険の適用施設となったものである。老人福祉法における特別養護老人ホームの基準を満たしていることが前提で、原則として地方公共団体及び社会福祉法人が事業主体となる。介護老人福祉施設では、ターミナルケアが重要な援助となっている。

　介護老人福祉施設に入所している利用者が施設内では対応できない医療を必要とする場合には、施設職員と病院スタッフの連携により、入院などの手続きをとることになる。

(2)介護老人保健施設

　病状が安定している要介護者が入所する。これは、看護、医学的管理のもとにおける介護及び機能訓練、その他必要な医療並びに日常生活上の世話を行うことにより、入所者が能力に応じて自立した日常生活を営むことができるようにする施設である。居宅生活への復帰をめざして、施設サービス計画に基づいてサービスが提供される。

　介護老人保健施設を開設できる法人は、地方公共団体、医療法人、社会福祉法人などに限られており、非営利が要件となっている。都道府県知事の開設許可を得ることで介護保険の適用施設となる。介護保険法に設置の根拠をおく施設であるため、介護保険施設となるための指定を別途、受ける必要はない。

　介護老人保健施設は、在宅ケア支援施設として、短期入所療養介護や通所リハビリテーションなどの事業も行っている。在宅への復帰を進めるためには、退所後の継続的なケアが必要とされるからである。介護療養型老人保健施設は特別養護老人ホームや介護老人保健施設に比べ、医療が充実している点に特徴がある。

(3)介護療養型医療施設と介護医療院

　介護療養型医療施設は、長期間の療養を必要とする慢性疾患等を対象とし、重介護・要医療の利用者のための施設である。病院に併設されていることが多く、病院及び診療所が指定を受けたい病棟部分を定めて申請し、都道府県知事の指定を受けることで介護保険適用施設となる。つまり、病院の一部(指定を受けた病棟)が介護療養型医療施設として扱われるものである。療養病床の再編により2017(平成29)年度末で廃止されることになって

医療経営士●初級テキスト4 　85

第5章 病院関連施設

いたが、介護医療院への移行を前提に2024年3月末まで経過措置が設けられている。

　介護医療院は2018（平成30）年4月に創設された介護保険施設である。日常的な医学管理が必要な重介護者の受け入れと看取り・終末期ケアの機能と生活施設としての機能を備える。ⅠとⅡの2つの類型があり、類型Ⅰは介護療養病床相当、類型Ⅱは老健施設に近い施設基準になっている。ⅠとⅡでは、主に医師と看護師の配置や医師の宿直の有無などが異なり、共通点は談話室の他にレクリエーションルームが必要なことである。病室面積の基準は利用者1人当たり8m²だが、転換後も大規模改修を行うまでは6.4m²でよいとされ、間仕切りも家具やパーテーションなどでよいとされている。なお、転換元は介護療養病棟と医療療養病棟2（25：1）であり、病院、診療所から介護医療院に転換した場合は転換前の病院、診療所の名称を引き続き使用できる。

4 在宅での療養

　施設から在宅へという介護政策の流れを受けて、介護における施設サービスは縮小されるとともに、居宅介護のバリエーションが広がっている。施設サービスの場合と同様、必要に応じて病院と各施設が連携し、利用者の療養生活を支えていくことが求められる。そこで以下、訪問サービスの代表として訪問看護、居宅での療養として扱われる特定施設入居者生活介護について述べる。

（1）訪問看護

　慢性疾患やがん、神経難病などを有する患者について、主治医が必要と認めた場合に、看護師等が利用者の居宅を訪問し、療養上の世話や点滴・注射、処置などを行い、居宅で療養中の患者に看護を提供してQOLの向上を図る。また、リハビリ専門職と協働し、リハビリテーションの提供も行う。サービスの提供者は、看護師のほか、保健師、准看護師、理学療法士、作業療法士及び言語聴覚士である。

　訪問看護の事業所には、事業所として指定を受けた病院・診療所と、独立系の訪問看護ステーションの2種類がある。訪問看護の内容は、病状の観察と情報収集、療養上の世話、診療の補助、精神的な支援、リハビリテーション、家族に対する支援、療養指導などである。患者にサービスの提供を開始する際は主治医が記載した訪問看護指示書が必要となり、医師に対して訪問看護の報告も行う。

　訪問看護は、医療保険においても同様のサービスが設定されており、訪問診療[*1]とともに在宅医療を支える要のサービスとなっている。訪問看護ステーションは、院外の独立した訪問看護事業所と考えることができ、診療所や病院の医師は、訪問看護ステーション

---

*1　訪問診療：居宅で療養している患者に対して、計画的な医学管理のもとに定期的に患者を訪問し、診療を行うこと。これに対し、往診は、患者や家族の求めに応じて患者の居宅を訪問して診療を行う不定期の診療となる。

介護施設・事業所 **1**

の看護師やケアマネジャー(介護支援専門員)と連携して患者の在宅医療を進めていくことになる。

(2)特定施設入居者生活介護

居宅サービスに該当する特定施設入居者生活介護は、特定施設サービス計画に基づき、入浴、排泄、食事などの介護、その他の日常生活上の世話、機能訓練及び療養上の世話を行うサービスである。利用者が特定施設において、能力に応じて自立した日常生活を営むことができるようにすることを目的とする。

特定施設には、有料老人ホーム、養護老人ホーム、経費老人ホーム(ケアハウス)、サービス付き高齢者向け住宅が含まれる。特定施設の入居者は、施設サービスの提供を前提として入所する介護保険施設とは異なり、生活の場として有料老人ホームなどに居住している。介護保険では、これらの施設を居宅として扱うこととし、入居者は、自宅での在宅医療と同様に介護サービスを受けることができる。

この場合、個々の居宅サービスの中から必要なものを選択して利用するか、特定施設入居者生活介護と呼ばれるいくつかのサービスがセットになったものを利用するか、いずれかの形態を選ぶことができる。したがって入居者は、居住のための契約とは別に、介護サービスを受けるための契約を各事業者と結ぶ必要がある。

医療経営士●初級テキスト4 | 87

第5章　病院関連施設

② 保険薬局

1 薬局とは

　一般に、薬局と呼ばれる店舗には、ドラッグストアや薬店があり、最近はコンビニエンスストアで販売できる薬もある。保険薬局は、薬局の中で特に、医療保険における保険指定を受けた薬局であり、医師が発行する処方せんを受け付けて調剤を行うことができる。

　病院における薬剤の処方は、院内処方と院外処方の2つの方法がとられている。院内処方が院内の調剤所で薬を処方するのに対して、院外処方は保険薬局であれば処方せんをどこでも受け付けて薬を出すことができる。かつては院内処方がほとんどであったが、最近は厚生労働省が推進する医薬分業の方針により、病院での調剤報酬が引き下げられ、院外処方の割合が増加している。薬価差益*1が縮小されたことも、院外処方への移行が進んでいる理由の1つである。医薬分業が進んだ現在、病院から独立している保険薬局は、病院の外来診療に不可欠な存在となっている。

　さらに、2006（平成18）年の医療法改正において保険薬局は医療提供施設に位置づけられた。また、同年の診療報酬改定においては、病院とともに保険薬局に対しても領収証の発行が義務づけられた。こうした制度改定が示すように、今後、薬局や薬剤師は医療を提供していくうえで、重要な役割を果たしていくものと考えられている。

2 医薬分業

　医薬分業のねらいは、医師と薬剤師がそれぞれの専門分野で業務を分担し、より安全で効果的な薬物療法を行うことにある。

　これまで日本では、病院を受診した患者はその院内の調剤所で薬剤を受け取るのが一般的だった。この場合、医師の処方に基づいて院内の薬剤師が調剤する。あるいは比較的小規模の病院であれば、医師自らが調剤を行う。このような仕組みを院内処方という。これに対し、院外処方は、医療機関の医師が交付した処方せん（院外処方せん）を患者が院外にある保険薬局に持参し、そこで調剤してもらうという仕組みである。

　院外処方であれば、医師は薬剤の在庫にかかわりなく処方することができ、より適切な

＊1　薬価差益：病院や薬局が請求できる価格と仕入れ価格との差額により生じる利益のこと。

88　医療経営士●初級テキスト4

保険薬局 ❷

医療を患者に提供できる。また、患者にとっては、院外処方は安全な薬剤の使用につながる。特に高齢者などで複数の病院にかかっていて、それぞれ薬剤を処方されている場合は、薬の相互作用により強い副作用が現れるおそれがある。院外処方によって、特定のかかりつけ薬局で調剤してもらえば、情報をまとめて管理することができる。薬局の独立性が保たれることで、薬剤師が患者に対して薬剤についての説明など情報提供を十分に行うことも可能となる。

3 保険薬局の業務

　保険薬局及び保険薬剤師療養担当規則は、保険薬局の業務を薬剤・治療材料の支給と居宅における薬学的管理・指導と規定している。また、患者の処方せん及び調剤録は、3年間保存しなければならない。この中で、保険薬局が病院と一体的な経営を行うことや、患者に特定の保険薬局の利用を指示する見返りとして、病院や医師に金品を供与することが禁じられており、保険薬局は、その独立性を保たなければならない。

　薬局で薬剤師が院外処方せんに基づいて調剤を行う場合、その業務に対して調剤報酬が支払われる。調剤基本料は処方せんを受け付けるに当たっての基本的な報酬、調剤料は実際に調剤を行うことに対する報酬であり、後者は薬剤の種類や処方の日数によって点数が異なる。また、薬局の薬剤師が薬についての指導や情報管理を行った場合には、薬剤服用歴管理指導料、薬剤情報提供料、後発医薬品情報提供料などを算定することができる。

4 後発医薬品（ジェネリック医薬品）

　医療費の適正化を目的として、後発医薬品（ジェネリック医薬品）の使用が推進されている。後発医薬品についての情報提供や調剤も、保険薬局の大切な役割となっている。

　後発医薬品とは、特許が切れた新薬（先発医薬品）と同じ有効成分や効能、効果、用法、用量の医薬品のことで、新薬に比べて薬価が低いのが特徴である。つまり、新薬を開発した製薬会社は、特許取得後はその薬を独占的に製造販売することができ、原則として20年（5年の延長が可能）が経過すると特許権が消滅する。この期間に有効性と安全性が確かめられたとして、厚生労働省によって承認されたものについては、他の製薬会社が開発コストを安く抑えたジェネリック医薬品を製造販売することができる。後発医薬品が初めて保険適用された段階では、新薬よりも3割低い薬価が設定される。

　この後発医薬品の使用を推進するため、2008（平成20）年4月には院外処方せんの様式が変更された。後発医薬品への変更を不可とする医師の署名がない限り、患者は、薬剤師の説明を受けたうえで後発医薬品を選択できる仕組みとなった。

　しかし、後発医薬品の使用割合の増加が思ったほど伸びなかったことを踏まえ、2012（平

医療経営士●初級テキスト4　89

第5章 病院関連施設

成24)年4月に行われた診療報酬改定において、

①保険薬局の調剤基本料における後発医薬品調剤体制加算の見直し

②薬剤情報提供文書を活用した後発医薬品に関する情報提供

③医療機関における後発医薬品を積極的に使用する体制の評価

④一般名処方の推進

⑤処方せん様式の変更(個々の医薬品ごとに後発医薬品への変更の可・不可を明示できる様式に変更)

等の措置が講じられた。

また、厚生労働省では2013(平成25)年4月に「後発医薬品のさらなる使用促進のためのロードマップ」を策定し、後発医薬品の使用促進に向けた取り組みを進めてきた。さらに、2015(平成27)年6月の閣議決定において、2017(平成29)年央に70%以上とするとともに、2018(平成30)年度から2020年度末までの間のなるべく早い時期に80%以上とする、新たな数量シェア目標が定められた。なお、「平成29年9月薬価調査」の集計値による後発医薬品の数量シェアは65.8%となっている。

5 「患者のための薬局ビジョン」と「健康サポート薬局」

厚生労働省は2015(平成27)年10月、患者本位の医薬分業を実現し、薬局や薬剤師が地域包括ケアシステムの一翼を担うことをめざす「患者のための薬局ビジョン〜「門前」から「かかりつけ」、そして「地域」へ〜」を公表した。同ビジョンは、「かかりつけ薬剤師・薬局」「健康サポート機能」「高度薬学管理機能」から構成され、医薬分業についてはKPI(Key Performance Indicator：重要業績評価指導)を定めPDCAを回していくとしている。このうち、「かかりつけ薬剤師・薬局」は、「服薬情報の一元的・継続的把握とそれに基づく薬学的管理・指導」「24時間・在宅対応」「医療機関等との連携」という3点からなり、すべての薬局が2025年までに持つべき機能とされている。

同ビジョンを受け、2016(平成28)年4月より「かかりつけ薬剤師」制度が始まった。同制度では、患者・住民が医薬品、薬物療法等に関して安心して相談でき、患者ごとに最適な薬物療法を受けられるような薬局のあり方をめざしており、患者が薬局でかかりつけ薬剤師を指名することで、毎回同じ薬剤師がその患者を担当するようになる。これにより重複投薬や飲み合わせ、薬の効果や副作用等について処方内容をチェックし、丁寧な服薬指導を可能とする。加えて、「後発医薬品の使用促進」「薬剤師の在宅医療への積極的な取り組み」「残薬解消」など、専ら医学的観点からの処方を推進し、医療保険財政の効率化に貢献する。

また、かかりつけ薬剤師・薬局としての機能に加えて、積極的な健康サポート機能を有する薬局を「健康サポート薬局」として住民に公表する制度が始まっている。これにより、

90 医療経営士●初級テキスト4

保険薬局 ❷

相談対応や関係機関への紹介に関する研修を修了した薬剤師が常駐しているなど、人員配置や運営に関する一定の基準（厚生労働省告示）に適合する薬局が、都道府県知事等に届出（2016年10月1日以降）を行うことにより、健康サポート薬局である旨を表示できるようになった。健康サポート薬局の表示の有無は薬局開設許可申請書の記載事項であり、基準に適合させることが薬局開設者の遵守事項となるが、一定の基準を満たせなくなった場合は変更届が必要である。健康サポート薬局の表示の有無は、薬局機能情報提供制度で薬局開設者が都道府県知事に報告を行わなければならない事項となっている。

なお、2018（平成30）年4月30日時点の健康サポート薬局届出数は925となっている（厚生労働省ホームページより）。

確認問題

問題1 介護事業について、次の選択肢のうち正しいものを3つ選べ。

[選択肢]

①訪問看護ステーションには、手洗い・消毒・面積などの基準がある。

②居宅介護事業所には、手洗い・消毒・面積などの基準がある。

③訪問看護には、医療保険によるものと介護保険によるものがあるが、どちらの場合も医師の指示書が必要である。

④サービス付き高齢者向け住宅は、特定施設に含まれる。

⑤通所介護でもリハビリテーションを行えるため、通称で「デイケア」と呼ぶことがある。

確認問題

解答 解説

解答 1

①、③、④

解説 1

①○：選択肢のとおり。

②×：居宅介護事業所には手洗いや消毒の基準はない。

③○：選択肢のとおり。

④○：選択肢のとおり。

⑤×：通称で「デイケア」と呼ばれるのは「通所リハビリテーション」である。通所介護は「デイサービス」と呼ばれる。

医療経営士●初級テキスト4 93

第6章
医療関連官公庁

1 病院と官公庁とのかかわり
2 国の組織
3 地方公共団体の組織

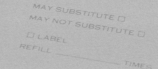

病院と官公庁とのかかわり

1 官公庁のさまざまな役割

　医療機関は、国、都道府県から市町村まで、さまざまな行政機関とかかわりを持っている。それは、法人税や事業税、法人住民税の支払い先という一般的なものから、医療機関ゆえの法定事項や、各種の許認可や届出先などである。
　例えば、最も身近な行政機関である市町村は、医療機関からのさまざまな相談にのり、指導すると同時に、法人住民税などの納税先、介護保険の保険者でもある。

2 官公庁との上手な付き合い方

　行政は、法を執行し、通知や通達などを出す。また保健医療計画などをつくったり、予算を配分したりする。
　行政は基本的に、医療機関を法と報酬でつかさどっているということは、覚えておくとよいが、一方で、非常に頼りになるパートナーであるということも心得ておくことが大切である。
　わからない事柄があったら、都道府県などの担当部署に問い合わせると、丁寧かつ正確に答えてくれる。

病院と官公庁とのかかわり ❶／国の組織 ❷

② 国の組織

1 厚生労働省

　医療分野を担当する国の行政機関としては、内閣を構成する省庁の１つである厚生労働省がある。厚生労働省の任務は「社会福祉、社会保障及び公衆衛生の向上及び増進、並びに労働条件その他の労働者の働く環境の整備及び職業の確保を図ること」とされている。病院と関係の深い医療保険は社会保険[*1]の１つであり、国民に対する社会保障として厚生労働省が取り組む主要な業務である。厚生労働省の組織は図９のようになっている。また、2017（平成29）年７月、保健医療分野の重要施策を一元的に推進するための統括的役割を担う事務次官級のポストとして医務技監が創設された。

▍（1）部局

　厚生労働省内の部局には、次のように人事課や総務課、統計情報部などを持つ大臣官房のほか、医療関連の部局として医政局、医薬・生活衛生局、保険局などがある。また、外局として中央労働委員会と社会保険庁があったが、社会保険庁の廃止に伴い、社会保険庁が行っていた公的年金業務は、2010（平成22）年より独立行政法人日本年金機構に移行している。

・大臣官房

　厚生労働省の行政を総括し、基本政策の立案、法令の制定改廃、予算編成、組織、人事等を含めた総合調整を行う。

・医政局

　近年の高齢化、疾病構造の変化、医療の質を求める国民の声の高まりなどに応え、21世紀における良質で効率的な医療提供体制の実現に向けた政策の企画立案を行う。

・医薬・生活衛生局

　医薬品・医薬部外品・化粧品・医療機器の有効性・安全性の確保対策のほか、血液事業、麻薬・覚せい剤対策など、国民の生命・健康に直結する諸問題を担う。

・保険局

[*1]　社会保険：国や地方公共団体などが運営する保険で、日本の社会保険には、医療保険、年金保険、雇用保険、労働者災害補償保険（労災保険）、介護保険の５つの制度がある。

医療経営士●初級テキスト4　97

第6章 医療関連官公庁

医療保険制度に関する企画立案を行い、今後の本格的な少子超高齢社会においても、すべての国民が安心して医療を受けられるよう、医療保険制度の長期安定化に努める。

(2)審議会等

厚生労働大臣の諮問機関として、社会保障審議会、厚生科学審議会、労働政策審議会が設置されている。その他、厚生労働省内には、医道審議会、薬事・食品衛生審議会、がん対策推進協議会、肝炎対策推進協議会、中央社会保険医療協議会、社会保険審査会などがおかれている。中でも、医道審議会は、医師、歯科医師その他の免許取消・停止や行政処分を行う権限を有している。

(3)施設等機関

国立高度専門医療センター、国立ハンセン病療養所、検疫所も厚生労働省の所管である。その他、厚生労働省は、国立更生援護機関、国立社会保障・人口問題研究所、国立感染症研究所、国立保健医療科学院、国立医薬品食品衛生研究所などの施設等機関を運営している。これらの機関を通して、医療に関するさまざまな研究や議論が進められている。

(4)関連団体

特殊法人改革に伴って国営から独立行政法人化したものを中心に、各種団体が厚生労働省とともに病院の医療に大きな影響力を及ぼしている。例えば、以前は厚生労働省所管の国立病院・療養所であった全国143の病院で構成される独立行政法人国立病院機構、福祉の増進と医療の普及向上を目的とする独立行政法人福祉医療機構、医薬品・医療機器等安全性情報の報告制度をつかさどる独立行政法人医薬品医療機器総合機構、病院の機能評価や医療ガイドラインを定める公益財団法人日本医療機能評価機構などがある。

2 医療における役割

厚生労働省は、医療機関や製薬会社、医療機器メーカーの監督官庁である。医療法や健康保険法など厚生労働にかかわる法律に基づいて行政をつかさどり、医療提供体制や医薬品・医療機器の規制、診療報酬や保険制度、医療の安全化対策、医療研究の助成など医療制度全般に関する枠組みを定め、その情報を担当局ごとに発信している。

厚生労働省の行う業務は多岐にわたるが、そのうちの1つが「医療の普及及び向上」であり、さらには「医療の指導及び監督」である。病院は「規制だらけ」といわれるが、このように国の行政機関たる厚生労働省の業務として医療が規制の対象であることがうたわれているのである。厚生労働省は、主に医療法や健康保険法などの法令と診療報酬を通じて厚生行政を執行し、医療規制を行っている。

98 医療経営士●初級テキスト4

3 財政

社会福祉・社会保障のための主な財源として、公費と民間資金が充てられている。

公費には、国・地方公共団体が法令に基づいて支給する措置費、支援費、実施運営費、国庫補助金、地方交付税交付金などがある。社会福祉・社会保障に関する支出は、国の予算のうちの社会保障関係費として計上され、年間30兆円を超えている。そのうち、社会保険にかかる費用(年金医療介護保険給付費)は年間約25兆円である。

また、民間資金には、独立行政法人福祉医療機構などの法人・団体からの助成金などがある。

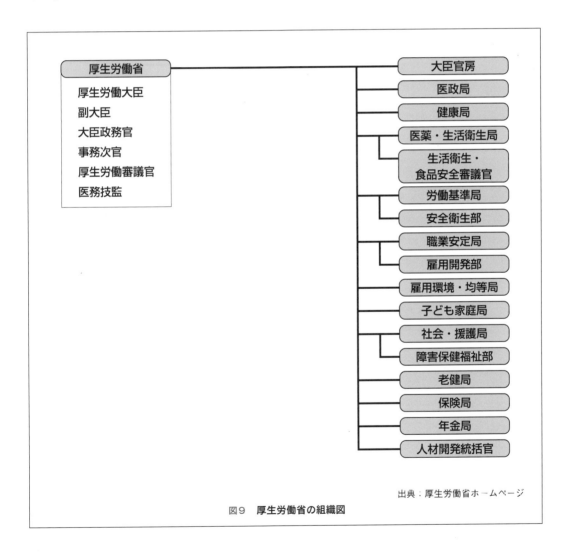

出典:厚生労働省ホームページ

図9　厚生労働省の組織図

第6章　医療関連官公庁

③ 地方公共団体の組織

1　地方分権

　厚生行政は厚生労働省が指揮をとるかたちで進められるが、医療に対してどのようなニーズがあるかは地域ごとに違いがある。この地域差に合わせてきめ細かいサービスを提供するためには、地方が自ら厚生行政を運営するか、もしくは地方公共団体に権限の一部を委任し、国は財政面でそれを支援するという体制が基本となる。

　1990年代に入って地方分権化が進められるようになり、住民にとって身近な市町村に多くの権限が委譲されている。これにより、国と地方の関係が、それまでの上下関係から、より対等な関係で役割を分担する体制に移行しつつある。

　地方公共団体が行う事務には、現在、法定受託事務と自治事務の2区分がある。従来の事務の多くは自治事務へ変更されたが、全国的に公平な水準のもとで行われることが望ましい生活保護に関する措置事務などは法定受託事務とされている。

　制度運用だけでなく、財政面でも地方公共団体が主体性を発揮できるよう、政府は国と地方の財政関係を見直す財政改革を進めている。

2　都道府県

　国の指揮のもと具体的な保健医療計画や医療費適正化計画などを作成し、施行するのは都道府県が中心である。

（1）保健医療担当部署

　医療機関が設立許認可を受けるための届出などを行う窓口となるのは、都道府県において保健医療の事務を扱う各担当部署である。都道府県によって部署名はさまざまで、例えば、東京都は福祉保健局、大阪府は健康医療部となっている。医療機関の開設や休止、廃止などの届出、医療機関への指導・審査などは、基本的にこれらの担当部署が対応する。

　都道府県は、病床規制や救急医療体制を調整する医療圏の設定と、自ら運営する公立病院を通じて医療政策に深く関与している。ただし最近では、公立病院の経営状態は思わしくなく、自治体の一般予算から赤字を補っていることもある。

地方公共団体の組織 **3**

■（2）医療計画

　地域における医療提供体制の整備については、都道府県ごとの医療計画として規定されている。医療法第30条は、医療機関の整備、病床の整備、継続的な医療が求められる5疾病の治療や予防、5事業及び在宅医療ごとの医療体制、地域医療構想の達成に向けた病床の機能の分化及び連携の推進に関する事項、医療スタッフや医療安全の確保などについての計画を策定するよう、都道府県に求めている。

・5疾病
　がん、脳卒中、急性心筋梗塞、糖尿病、精神疾患
・5事業
　救急医療、災害医療、へき地医療、周産期医療、小児医療（小児救急医療を含む）

■（3）医療圏

　医療圏は、計画的な医療提供体制の整備のために設けられた概念である。各都道府県の保健医療を担当する部署では、人口や交通事情、受診状況といった地域特性を分析し、一次、二次、三次の医療圏を定めている。元々は地域の医療体制を整備することを目的として始められたが、現在は医療費抑制を図るため、増え過ぎた病床数を減らす方向にシフトしている。

　都道府県をいくつかに区切った二次医療圏ごとに一般病床の基準病床数が、都道府県単位の三次医療圏に精神病床・結核病床の基準病床数がそれぞれ定められており、基準病床数を上回る医療圏では、増床や新たな病院の開設ができないことになっている。

■（4）保健所

　地域保健法に基づき、基本的に都道府県（政令指定都市、特別区などを含む）が設置する機関である。地域住民の健康の保持・増進や公衆衛生を目的とする。

　保健や衛生に関するさまざまな業務を行うが、医療に関係するものとしては、病院や薬局の開設許可、医師・看護師・薬剤師・栄養士などの登録申請受付、病院報告や医療機関の用途変更届の受付などがある。

　保健所は診療所の医療監視を行うが、最近では都道府県の職員とともに、保健所の職員が病院の医療監視に同席するケースが増えている。保健衛生に関する講習会なども開催する。保健所の業務を進めていくうえでは、市町村単位で設けられる市町村保健センターや社会福祉事務所との連携が重要となる。

医療経営士●初級テキスト4　**101**

第6章　医療関連官公庁

3　市町村

　市町村(特別区を含む)は、住民にとって最も身近な行政機関であり、あらゆる事項の窓口となる。保健医療関係では、特定健康診査や予防接種などの実施・依頼を行う。医療機関に休日・夜間診療の依頼をし、取りまとめるのも市町村である。福祉関係では、介護保険の保険者として機能し、介護保険や高齢者福祉のさまざまな手続きに対応している。地域包括支援センターの運営など介護予防や虐待防止を推進する事業の運営(地域の社会福祉法人や医療法人に委託する場合も多い)を行うのも市町村である。また、障害者支援、一人親家庭の社会手当や子育て支援、児童福祉、生活保護などの事務も扱う。

確認問題

問題1 官公庁等の国の組織について、次の選択肢のうち誤っているものを1つ選べ。

[選択肢]

①中央社会保険医療協議会は、厚生労働大臣の諮問機関である。

②医道審議会は医師、歯科医師その他の免許取消・停止や行政処分を行う権限を有している。

③都道府県は医療計画において5疾病5事業及び在宅医療ごとの医療体制などについて定める。

④三次医療圏は都道府県の単位で、それをいくつかに分割したものが二次医療圏である。

⑤保健所は、厚生労働省が各都道府県に設置する施設である。

確認問題

解答 1 ⑤

解説 1

① ○：選択肢のとおり。
② ○：選択肢のとおり。
③ ○：選択肢のとおり。
④ ○：選択肢のとおり。
⑤ ×：地域保健法に基づき、基本的に都道府県(政令指定都市、特別区などを含む)が設置する機関である。

第7章

医療関連団体

1 医療関連団体について
2 さまざまな医療関連団体(個人加盟団体)
3 さまざまな医療関連団体(法人加盟団体)

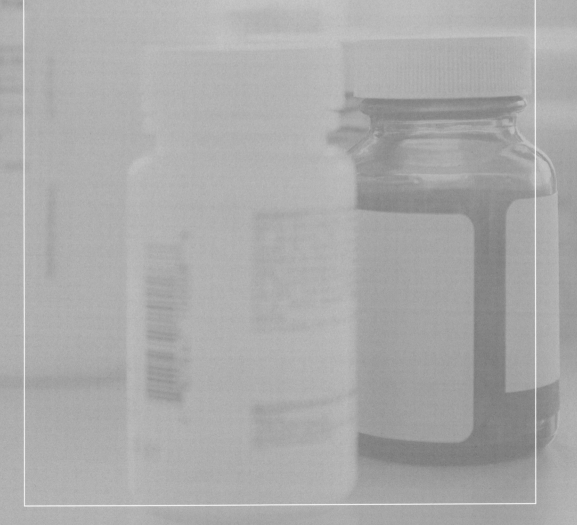

医療関連団体について

1 さまざまな医療関連団体

　医療業界を支える団体には、全国組織から地域のサークルまで、さまざまなものがある。医学向上をめざす学術的なもの、医療従事者の待遇向上をめざすもの、患者サービスの向上を図るもの、病院の経営改善に役立つものなど、目的や内容はそれぞれ異なるが、それらが個々の病院をつなげる役割を果たし、全体として医療業界を底上げしている。

2 主な個人加盟団体と法人加盟団体

　病院にかかわる業界団体には、各職種の個人会員で構成されている団体として、日本医師会、日本薬剤師会、日本病院薬剤師会、日本看護協会、日本歯科医師会などがある。これらの団体への加入は基本的に任意であり、代表的な団体であっても、その活動は全国すべての医師、薬剤師、看護師等の意見を反映しているものではないという点に留意する必要があるだろう。

　また、病院が法人として加入する団体としては、日本病院会、全日本病院協会、日本医療法人協会、日本精神科病院協会、全国自治体病院協議会、全国公私病院連盟、日本私立病院協会、全国公立病院連盟、日本赤十字社病院長連盟、全国厚生農業協同組合連合会など、さまざまなものがある。このうち、日本病院会、全日本病院協会、日本医療法人協会、日本精神科病院協会の4団体を「四病院団体協議会（四病協）」と呼んでいる。

　なお、医療関連団体は数限りなく存在しており、医療関連産業などで構成する業界団体も多数ある。本章で紹介するのは、その中のごく一部である。

3 医療関連団体の役割

　医療サービスは社会的ニーズを反映して、その提供体制が刻々と変化するものであり、また技術革新が目ざましい分野である。

　医療従事者は患者に最適な医療を提供するために、病院内の教育・研修機会を利用するだけではなく、病院の外においても幅広い活動を行い、その知識・技術を日々研鑽してい

く必要がある。また、病院単位でも、その組織のあり方について内省し、適時、再構築していくことで、病院運営を安定して継続していくことができる。さらに、保健医療政策を策定していく側に対して、医療現場の意見を知らしめることも、実践者としての重要な役割の1つである。

　各種団体の活動は、医療従事者の生涯学習を支援し、病院の医療の質向上をもたらすものである。病院や職員一人ひとりのこうした活動が、ひいてはそれぞれの病院に対する患者の満足度向上へとつながっていく。

2 さまざまな医療関連団体（個人加盟団体）

1 日本医師会

　開業医を中心とする医師の職能団体であり、医道の高揚、医学教育の向上、医学と関連科学との総合進歩、医師の生涯教育などを目的とする。1916（大正5）年に設立され、1947（昭和22）年に社団法人化、2013（平成25）年4月より公益社団法人に移行した。

　会員数は約16万7,000人（開業医約8万4,000人、勤務医約8万3,000人）である。会を構成する47の都道府県医師会は、それぞれ独立した公益法人として、各地域の行政機関と連携し、医療・保健・福祉分野におけるさまざまな事業を行っている（図10）。

　医師の生涯教育カリキュラムの作成や医学図書館における資料の貸し出し、会報誌の発行などを通した学術活動のほか、政策審議への参加や地域での医療・保健活動による医療・保健・福祉の推進、生命倫理における諸問題の解決など活動範囲は幅広い。

　1902（明治35）年に始まった医療の学術団体である日本医学会の活動は、1948（昭和23）年に日本医師会の中に組織化されている。他に日本医師連盟、日本医師会政策総合研究機構（日医総研）などの関連団体があり、それらを通じて政治活動や研究活動を行っている。

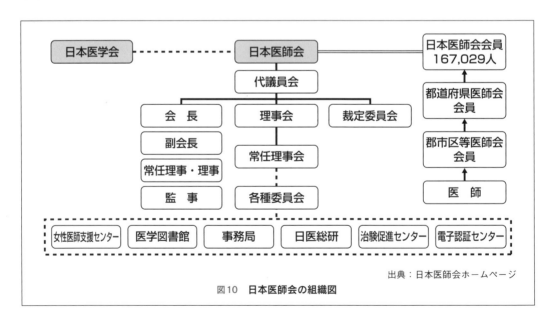

出典：日本医師会ホームページ

図10　日本医師会の組織図

さまざまな医療関連団体（個人加盟団体）❷

2 日本薬剤師会

　主に薬局薬剤師が加入する職能団体であり、都道府県を活動区域とする薬剤師会との連携のもと、薬剤師の倫理の高揚及び学術の振興を図り、薬学及び薬業の進歩発展を図ることにより、国民の健康な生活の確保・向上に寄与することを目的とする。1893（明治26）年に創立され、1909（明治42）年に社団法人、2012（平成24）年に公益社団法人となった。日本医師会、日本歯科医師会と合わせて「三師会」と呼ばれる。

　会員数は約10万人で、その構成割合は薬局薬剤師76.8％、病院・診療所薬剤師8.5％、卸売販売業2.5％、行政薬剤師1.6％、店舗販売業1.6％、製薬企業薬剤師0.9％、教育・研究期間0.8％、その他7.5％といなっている（日本薬剤師会ホームページより）。日本薬剤師会の会員は同時に47都道府県薬剤師会の会員でもある。

　主な活動としては、かかりつけ薬剤師・薬局や健康サポート薬局の普及・推進、薬学教育への対応、薬剤師のための生涯教育推進、臨床・疫学研究の倫理審査体制の整備と研究活動推進、学校薬剤師活動の支援推進などが挙げられる。また、年に1度、「日本薬剤師学術大会」を開催している。

3 日本病院薬剤師会

　病院・診療所に勤務する薬剤師の職能団体であり、薬剤師の倫理的学術的水準を高め、臨床薬学、病院薬学及び病院薬局業務一般を中心とした薬学の進歩発展を図ることにより、国民の厚生福祉の増進に寄与することを目的とする。1955（昭和30）年に日本病院薬剤師連合協会として設立され、1971（昭和46）年に社団法人日本病院薬剤師会となった。2011（平成23）年に一般社団法人へ移行した。

　会員数は約4万2,000人で、各都道府県に、地域の病院薬剤師会の会員で構成される都道府県病院薬剤師会がおかれている。

　薬剤師養成のための薬学教育への協力、専門領域薬剤師の養成、生涯学習・研修事業、医薬安全対策などによる薬学の進歩、病院診療所薬剤師の技術向上をめざしている。また、薬剤師及び薬事制度等の諸問題の調査・研究並びに改善刷新、診療報酬制度への対応も行う。この他の活動として、医薬品適正使用のための指針の作成、地区ブロック学術大会など学会、講演会、研修会等の開催、日本薬剤師会や日本医療薬学会など関係団体との連携協力、日本病院薬剤師会賠償責任保険の運営、機関誌や関連図書の出版などがある。

　また、日本病院薬剤師会は、薬剤師の職能を伸ばすために、感染制御、がん、精神科、妊婦・授乳婦、HIV感染症の各領域における専門薬剤師及び認定薬剤師の認定制度を実施している。なお、2004（平成16）年に関係団体と共同で発足した薬剤師認定制度認証機構が、第三者機関として、薬剤師に関係した各種認定制度の評価・認証を行っている。

医療経営士●初級テキスト4　109

第7章　医療関連団体

4　日本看護協会

　保健師、助産師、看護師、准看護師の資格を持つ個人が自主的に加入し、運営する日本最大の看護職能団体であり、質の高い看護サービスを提供するための活動を行っている。

　47の都道府県看護協会（法人会員）と連携して活動する全国組織で、約71万8,000人の看護職が加入している。

　①国民や患者の視点に立った看護・医療政策の提案、②医療事故防止や感染対策などの労働安全衛生、③生活習慣病の予防や健康増進事業、在宅ケアの推進など社会的ニーズへの対応、④新たな保健医療福祉制度下でのサービス提供体制の再構築に向けた提言、などさまざまな活動を行っている。看護政策の提案においては、看護・医療を取り巻く状況の変化や、これからの看護のあるべき姿を見据え、看護師の基礎教育年限を4年以上に引き上げること、看護職員の人員配置を引き上げること、看護職員確保対策を充実させること、生活習慣病予防対策や訪問看護を推進すること、などの実現に向けて活動している。

110　医療経営士●初級テキスト4

3 さまざまな医療関連団体（法人加盟団体）

1 日本病院会

1948（昭和23）年に制定された医療法の精神を受けて「全病院の一致協力によって病院の向上発展と使命の遂行を図り、社会の福祉増進に寄与する」ことを目的としている。1951（昭和26）年に設立され、1976（昭和51）年に現在の名称となった。

現在の正会員数は2,469病院（2017〈平成29〉年3月31日現在）であり、日本の病院のすべての経営主体が参加している。さまざまな委員会・部会、研究会がおかれ、研究会活動の集大成として、日本病院学会、日本人間ドック学会、日本診療情報管理学会が毎年各地で開催される。また、国際病院連盟、アジア病院連盟の理事国として国内唯一の加盟団体である。

医の倫理の高揚、病院医療の質と病院機能の向上、患者サービスの向上、病院職員の教育研修の充実、病院経営の健全化とともに、国民が、誰でも、いつでも、どこでも、安心してよい医療を受けられる体制の確立をめざし、病院の諸問題に対する調査研究、報告答申、要望提言などを行っている。

日本病院会は、病院の活動と病院で働く者の行動規範として病院憲章を定めている。

〈日本病院会病院憲章〉

①病院は、社会機能の一環として、公共的医療サービスを行う施設であり、地域の人々との健康と福祉を保証することを目的とする。

②病院は、生命の尊重と人間愛とを基本とし、常に医療水準の向上に努め、専門的倫理的医療を提供するものとする。

③病院は、利用しやすく、かつ、便宜を人々に公正に分け合うサービスを志向するものとする。

④病院は、患者中心の医療の心構えを堅持し、住民の満足を得られるように意欲ある活動をするものとする。

⑤病院は、地域医療体系に参加し、各々のもてる機能の連携により、合理的で効率的な医療の成果をあげることに努めるものとする。

第7章　医療関連団体

　さらに、日本病院会は、国民の医療を守るために、病院人が遵守すべき行動基準について、「我々は人格の陶冶に努め、社会正義を重んじ、より良い医療を追求する組織を目指し、病院医療を通じて、日本が生きがいのある健全な社会になるよう病院人として実行すべき規範を定める」として、倫理綱領を定めている。

〈日本病院会倫理綱領〉
①我々は知識と技術の習得に励み、温かな心をもって医療の質の向上に努める。
②我々は患者の権利と自律性を尊重し、患者の視点に立った医療を行う。また権利には義務が伴う こと並びに医療の不確実性について患者に理解を求める。
③我々は診療情報を適正に記録・管理し、開示請求には原則として応じる。
④我々は地域の医療・保健・介護・福祉を包括的に推進するとともに、関係諸機関・施設等との連携・協力関係を構築する。
⑤我々は人の自然な死に思いをいたし、緩和医療を推進し、誰もが受容しうる看取りのあり方を求める。

2　全日本病院協会

　民間病院を主体とした全国組織の団体であり、「日本全病院の一致協力によって、病院の向上発展とその使命遂行とを図り、社会の福祉増進に寄与する」ことを目的として、1960（昭和35）年に設立され、設立の2年後に社団法人として認可された。2013（平成25）年4月より、公益社団法人に移行した。

　現在は約2,500病院が加入しており、地域ごとのきめ細かい活動を行うために都道府県ごとに支部が設置されている。

　全日本病院協会は、医療制度の抜本改革が急がれている中で、真に国民のためになる医療提供体制のあり方の検討と提言を行うとともに、会員病院の医療の質の向上及び健全経営を図ることをめざすとしている。そのための方策としての基本的な考え方は、①病院を組織として機能させること、②患者・家族・地域・職員などすべての関係者との信頼関係に基づくこと、③病院は社会的存在であるとの認識に立つこと、の3点である。

　その理念は「患者・家族・地域・職員等すべての関係者との信頼関係に基づいて、病院経営の質の向上に努め、良質、効率的かつ組織的な医療の提供を通して、社会の健康および福祉の増進を図ることを使命とする」とされている。

3　日本医療法人協会

　民間医療機関である医療法人の健全なる発展を図り、その設立を助成して国民医療の向上を図ることを目的とする。1951（昭和26）年に設立され、翌年社団法人化、2013（平成

さまざまな医療関連団体（法人加盟団体）❸

25）年4月より一般社団法人に移行している。

　会員数は1,039の医療法人（2016〈平成28〉年4月1日現在）で、民間医療機関の立場から各種事業を行っている。

　主な事業として、①医療法人の普及並びに育成に関する事業、②医療内容の向上改善に関する事業、③医療法人の倫理の高揚に関する事業、④医療法人の医学及び医療水準の向上に関する事業、⑤医療法人の経営に関する事業、⑥医療法人の施設整備に関する事業、⑦医療法人の調査研究に関する事業、⑧医療法人の広報活動に関する事業、⑨会員及び従業員の福祉並びに表彰に関する事業、などがある。

　設立経緯は、1950（昭和25）年に医療法人制度が施行されたことがきっかけとなっている。この制度は私的医療機関の資金集積を容易にし、経営の永続性を保たせることを趣旨としていたが、実際に発足すると税制面で種々の問題が浮かび上がり、それらの問題解消を図るため、有志が集まって医療法人の全国組織を結成する運びとなった。

4 日本精神科病院協会

　精神科病院や精神科病棟を有する病院のための病院協会であり、「精神科病院その他精神障害者の医療施設及び保健福祉施設の向上発展を図り、社会福祉の増進に貢献すること」を目的とする。1949（昭和24）年に82病院が加入して設立され、1954（昭和29）年に社団法人となった。2012（平成24）年4月からは公益社団法人に移行している。現在は、約1,200の病院や関係施設が会員となっている。

　精神科病院や関係施設の管理運営・経営に関することから、施設間の相互扶助、職員の教育指導・待遇改善、精神科病院学会の主催運営、関連事業の調査研究及びその助成、書籍・会報その他の刊行、政府その他の関係団体との連絡協議など、さまざまな事項について活動している。実施されている研修会には、精神保健指定医研修会、学術教育研修会、認知症に関する研修会、精神保健判定医等養成研修会、全国認知症疾患（医療）センター連絡協議会、地域精神医療フォーラムなどがある。

医療経営士●初級テキスト4　113

確認問題

問題1 医療関連団体について、次の選択肢のうち誤っているものを1つ選べ。

[選択肢]

①三師会とは、日本医師会・日本歯科医師会・日本薬剤師会のことである。

②四病協とは、日本病院会・全日本病院協会・日本医療法人協会・日本精神科病院協会を指す。

③ほとんどの職種について職域団体があり、中には1つの資格や職能に対して複数の団体が存立する場合もある。

④日本医師会と日本看護協会では、日本看護協会の会員数が日本医師会のそれを上回る。

⑤日本医師会や日本看護協会は、政治・宗教・教育には関わらない。

確認問題

解答 解説

解答 1 ⑤

解説 1

①○：選択肢のとおり。

②○：選択肢のとおり。

③○：選択肢のとおり。

④○：選択肢のとおり。

⑤×：会員の意見をまとめ、学会としての意見を厚生労働省や各種団体に提言する活動も行っている。

第8章
学会組織

1. 学会について
2. さまざまな学会

第8章　学会組織

① 学会について

1　学会のさまざまな役割

　医師、看護師、薬剤師、放射線技師、社会福祉士、診療情報管理士など、同じ分野・業務を行う者同士で、多くの学会や研究会を設立している。学会や研究会は会員制のものが多く、有資格が入会条件となっているのが一般的である。これらの活動は、医療の質向上、技術向上、知名度向上、交流・発展、情報交換などを目的に行われていることが多い。また、自己の取り組みや研究成果を公開発表し、その科学的妥当性を学会や研究会という公の場所で検討論議する役割も担う。同時に、査読、研究発表会、講演会、学会誌、学術論文誌などの研究成果を発表する場、研究者同士の交流の場としても有効である。

　このような取り組みのもと、会員の意見をまとめ、学会としての意見を厚生労働省や各種団体に提言する活動も行っている。

　日本が学会として公的に指定しているのは、政府の諮問機関である日本学術会議の日本学術会議協力学術研究団体として認可されたものだけである。それ以外は、社団法人化やNPO法人[*1]化している学会・研究会が多い。

2　学会に所属するメリット

　多くの学会は学会活動を通じ、厚生労働省や各種団体に提言を行っている。そのため厚生労働省などの公的機関側は、学会活動を参考に、制度の変更や診療報酬の改定を行っている。

　さらには、厚生労働省、公益財団法人日本医療機能評価機構、国際標準化機構(ISO：International Organization for Standardization)などの公的機関による日本全体の標準化を推進するだけではなく、学会活動による「事実上の標準化(デファクトスタンダード)」を推進することも可能である。例えば、クリティカルパスの導入には、医療の質の見直し、コスト削減、定額制度導入という時代背景もあったが、学会・研究会活動によって日本国内で急速に標準化された取り組みの1つでもある。

＊1　NPO法人：NonProfit Organizationの略。ボランティア活動などの社会貢献活動を行い、営利を目的としない団体の総称。社会の多様化したニーズに応える重要な役割を果たすことが期待されている。

118　医療経営士●初級テキスト4

学会について ❶

そのため、学会の会員になると、公的機関だけではなく日本国内に対する提言活動につながることもある。また、研究発表会、講演会などの定期行事や、学会誌などの定期発行物を通じて、情報を早期に入手することも可能となっている。

3 今後の課題

今後も、多くの有志によって新たな学会や研究会が設立され、活動内容が共通した学会や研究会の中には、統廃合されるものも出てくるだろう。

一人ひとりのワークライフバランスが見直される中で、学会や研究会活動が私生活の時間を犠牲にしてしまうことや、所属機関の経営難などを背景に、学会費、研究発表会、講演会などへの資金捻出の渋りなどがあり、会員数が減ったり、学会活動が充実できないことにつながっている。このような厳しい時代背景を考慮しながら、学会活動の内容充実、会費の有効活用などを踏まえ、継続できる取り組みを行うことが課題である。

医療経営士●初級テキスト4 119

第8章　学会組織

② さまざまな学会

1　日本医学会

「医学に関する科学及び技術の研究促進を図り、医学及び医療の水準の向上に寄与する」ことを目的として、学問を中心とする活動を行う学術団体である。日本医学会は日本医師会の組織の一部とされているため（日本医師会定款第40条）、その活動は日本医師会との密接な連携のもとに行われる。

会員は学会単位で加盟することになっており、118の分科会がある。主な活動として、日本医学会総会の開催、日本医学会シンポジウムの開催、医学及び医療に関する情報の収集と伝達、その他学会の目的達成上必要な事業、が掲げられている。

設立経緯として、1947（昭和22）年4月に大阪で開催された第12回日本医学会において、「医学及び近接科学の進歩発達を図り、分科会間の連絡を密にするとともに、わが国の内外に対する日本医学界の代表機関とする」ことが決議された。これに基づき、1948（昭和23）年3月に日本医師会が設立され、日本医学会が常設化されている。

2　日本内科学会

「内科学に関する学理及びその応用についての研究発表、知識の交換、会員の生涯教育の奨励ならびに会員相互及び内外の関連学会との連携協力を行うことにより、内科学の進歩普及を図り、もってわが国の学術の発展に寄与すること」を目的としている。この目的に賛同する医師に入会の資格があり、法人ではなく個人のみ入会できる。1903（明治36）年に設立され、1925（大正14）年に設立許可を受けて社団法人となった。2013（平成25）年2月より、一般社団法人に移行した。2018（平成30）年1月末現在の会員数は、約11万1,488人である。

活動としては、学術講演会・研究会等（通常総会参加者3万人規模）の開催、学会誌（発行部数10万部）・学術図書の発行、研究及び調査の実施、研究の奨励及び研究業績の表彰、認定医及び認定施設の認定、生涯学習活動の推進、関連学術団体との連絡及び協力、国際的な研究協力の推進などが挙げられる。

なお、内科専門医制度は「内科医としての広い知識と錬磨された技能をそなえた優れた

120　医療経営士●初級テキスト4

さまざまな学会 ❷

臨床医を社会におくり、社会一般の人々がより高い水準の医学の恩恵を受けられるよう社会の福祉に貢献し、併せて内科学の向上をはかること」を目的として、1966（昭和41）年に学会で承認されたものである。2008（平成20）年より、内科専門医は「総合内科専門医」と呼称変更されている。

3　日本外科学会

「外科学に関し会員の研究発表、知識の交換並びに会員相互間及び関連学協会との研究連絡、提携の場となり、外科学の進歩普及に貢献し、もって学術文化の発展に寄与すること」を目的とする学会で、学会員数は約4万人である。入会資格があるのは、原則として外科学の知識・経験を有する医師または医学士である。1899（明治32）年に第1回総会が開かれ、1966（昭和41）年に社団法人として認可を受けている。2013（平成24）年2月より一般社団法人に移行した。

活動内容としては、会員の研究発表会・学術講演会等の開催、機関誌・論文図書等の刊行、内外の関係学術団体との連絡及び提携、外科学及びこれに関する医療制度の資料の収集並びに研究及び調査、優秀な業績の表彰、外科学に関する研究及び調査などである。

2002（平成14）年に外科専門医制度を開始し、2018（平成30）年1月31日現在までに外科専門医約2万3,000人、認定医約2万4,000人、指導医約7,000人、外科専門医修練施設約1,200施設、関連施設約1,000施設を認定している。

4　日本医療・病院管理学会

2009（平成21）年1月、日本病院管理学会から学会名が変更された。これに伴い、学会の目的は「保健・医療・福祉分野における諸問題を多面的に考究し、社会の進歩と人類の福利に貢献することを使命とする」としている。これはすなわち、「医学やマネジメント・サイエンスなどを中心とする広範な学問体系を集学的に応用し、関連領域の専門性と価値観を相互に理解するとともに、理論と実践の両面から保健・医療・福祉のあり方を追求する」ことである。また「本学会は、根拠に基づいた実証的で論理的かつ合理的な研究を推進し、保健・医療・福祉サービスの利用者の視点を重視することを理念とする」としている。

学会内には、学術情報委員会、編集委員会、教育委員会、国際委員会、研究委員会、組織委員会が設置され、国内外の関連学会との協働や働きかけを図っている。

保健、医療、病院、介護分野における研究機関や医療機関・福祉施設の会員を主体とするが、医療・病院管理学に関心のある者であれば、職種・職位を問わず入会できる。

活動内容は、医療・病院管理学に関する研究発表、講演、展示会等の開催や機関誌の刊行などであり、学術総会、例会、学会誌発行などを通じて学術的な会員相互の交流の場

第8章　学会組織

を設けている。

　また、病院管理学に関する研究の発展、普及、及び病院管理学に関する若手研究者の発掘や育成を目的として、2007（平成19）年以降、研究論文を選考対象とする日本医療・病院管理学会学会賞が設立されている。

5　日本看護科学学会

　「看護学の発展を図り、広く知識の交流に努め、もって人々の健康と福祉に貢献する」ことを目的とする。日本看護系大学協議会を設立基盤として、1981（昭和56）年に発足した。会員数は約9,000人である。1987（昭和62）年には、看護系の学会として初めて日本学術会議への登録が認められた。

　主な活動は、学術集会の開催（年1回）、学会誌等の発行（電子媒体、和文誌、英文誌）、研究活動の推進、国内外の関連学術団体との協力と連携、国際的な研究協力の推進、人々の健康と福祉に貢献するための社会活動などである。

6　日本看護管理学会

　「看護実践のあらゆる場における看護サービスの発展をめざして、看護サービスの組織的提供の仕組みを社会的要因との関係において学術的に追求し、もって人々の健康とQOLの向上に寄与すること」を目的とする。さらに、外部環境の変化と関連した視点から、看護のあり方を学術的に追求し、政策として提案することで、人々の健康に寄与していくことを使命として掲げている。

　1996（平成8）年に発足し、2013（平成25）年1月に一般社団法人として認可を受けている。会員数は約4,400人である。入会には、原則として看護管理関連の業績もしくは評議員1人の推薦が必要となる。活動内容は、学術集会、学会誌発行、学術推進、看護の適正評価、広報、看保連や看護系学会協議会との連携、の6つを柱としている。

7　日本医療マネジメント学会

　クリティカルパスを主軸に、医療安全、医療連携、医療の質といった問題をテーマに、病院の経営管理の面から取り組む学会である。クリティカルパスのライブラリー公開や、リスクマネジメント、原価計算、地域連携、電子化など医療マネジメント手法の開発と普及を図りながら、医療の質の向上に寄与している。

　設立の基盤は、クリティカルパス研究会の活動にある。クリティカルパス研究会は、クリティカルパスを中心とした医療マネジメントのノウハウやツールを研究・開発する目的

122　医療経営士●初級テキスト4

で、1998（平成10）年に有志の医療関係者が集まり結成したものである。翌年の総会において、クリティカルパスにとどまらない研究活動の拡大を目的に学会への移行が決定され、90人の会員が加入して設立された。なお、クリティカルパス研究会の活動は、研究部会として学会の中に組み込まれている。

　年1回の学術総会開催や学会誌発行を行うほか、広報委員会、企画委員会、学会雑誌編集委員会、保険・医療制度対策委員会、医療の質検討委員会、クリティカルパス情報交換委員会、電子化委員会、原価計算委員会、医療安全（リスクマネジメント）委員会、地域医療委員会、医療資材検討委員会、個人情報保護委員会を設置し、国内外の関連諸学会と協働しながら、委員会活動としての分科会を開催している。また、各都道府県に支部を設けており、支部学術集会（地方会）や研究会、書籍の監修なども行う。

8　日本クリニカルパス学会

　世界的に医療の標準化の重要性が見直されているなか、「患者ケアの質的向上」と「効率化」という相反する目標を追求する効果的な医療手段として、クリニカルパスへの関心が高まっている。クリニカルパスは、主に入院時に患者に手渡される病気を治すうえで必要な治療・検査やケアなどをタテ軸に、時間（日付）をヨコ軸に取って作成される診療スケジュール表のことである。

　従来、患者に対して行われる医療は、同じ病院であっても担当医師の経験や判断によって違う方針がとられることがあったが、各病院で1つのクリニカルパスを作り上げるため、医師・看護師をはじめとした多くの医療スタッフが多くの時間を費やし、その病院ごとの質の高い医療を追求し、その結果、標準的なスケジュールが積み上がっている。

　病気の治療内容とタイムスケジュールを明確にすることで、患者は、「その日どんな検査があって、いつ手術をして、いつ頃には退院できるか」ということが把握でき、入院生活の不安解消につながっている。また医療スタッフにとっても、「どのような医療行為をいつ、誰が行うのか、患者への説明はどのようにするか」ということが明確になるため、チームとしてのスムーズな医療サービスの提供になっている。言わば、クリニカルパスは患者と医療スタッフ両者のための羅針盤のような役割を果たしている。

　日本クリニカルパス学会では、特にチーム医療によるクリニカルパス手法のさらなる普及を目指し、患者中心の医療・ケアにより貢献したいという願いから設立され、臨床現場における具体的なクリニカルパスの導入・運用および改善を支援することを目的とし、学術集会・学会誌発行・クリニカルパス運用についての助言・相談の提供（メーリングリスト）・クリニカルパスの研究会や講演会およびセミナーの開催・クリニカルパス研修のための国内外における視察と研修等を行っている。

9 日本医師事務作業補助研究会

病院勤務医の長時間労働や社会問題となった医師不足に対応し、安定的かつ継続的な医療提供体制を整えるべく、2008（平成20）年度診療報酬改定において「医師事務作業補助者」が誕生した。しかし、医師事務作業補助者の業務として、どのような仕事をどこまで行うことができるかの解釈が分かれ、いまだ業務内容が確立されていないのが現状であり、医師事務作業補助実務の当事者間で情報を共有し議論し、発展させ、キャリアパスの形成につなげていくために、2012（平成24）年6月に特定非営利活動法人（NPO）として認証された。

10 全国医事研究会

世界にも類をみない少子高齢化と人口減少のなかで医療情勢がますます厳しくなる状況のもと、少しでも将来の医療機関の存続を見据えた医事課職員に成長すべく、診療報酬改定等への対応や医事課職員として知識・教養を深めるなど、医療機関間の情報交換と交流の場を設けたいという思いから、2012（平成24）年8月1日に設立された。

確認問題

問題 1

学会について、次の選択肢のうち誤っているものを1つ選べ。

[選択肢]

①日本病院管理学会は、医療・病院管理学に関心のある者であれば、職種・職位を問わず入会できる。

②日本医師会の定款によって、日本医学会は日本医師会の組織の一部とされている。

③日本内科学会では、認定医制度は導入しているが、専門医制度は導入していない。

④日本医師事務作業補助研究会は、特定非営利活動法人の認証を受けている。

⑤日本クリニカルパス学会では、特にチーム医療によるクリニカルパス手法のさらなる普及を目指している。

確認問題

解答1 ③

解説1

① ○：選択肢のとおり。
② ○：選択肢のとおり。
③ ×：日本内科学会では、専門医として総合内科専門医の育成を行っている。
④ ○：選択肢のとおり。
⑤ ○：選択肢のとおり。

第9章

医療関連ビジネス

1 医療関連ビジネスについて
2 医療関連ビジネス（製品提供）
3 医療関連ビジネス（経営サポートなど）
4 医療関連ビジネス（業務代行）

医療関連ビジネスについて

1 医療関連企業の分類

　病院は非営利で医療を提供する機関であるが、その周辺には医療に関連する膨大な数の営利企業が取り巻いている。医療関連企業をいくつかに分類してみると、次のようになる。

・医療関係の製品を提供する会社
　製薬会社、医療機器メーカー、医療材料メーカー、医薬品・医療機器・医療材料の卸売販売業者[*1]など。

・病院の経営をサポートする会社
　病院経営コンサルタント会社、医薬情報提供会社など。

・病院に技術・人材を提供する会社
　ITベンダー、人材派遣会社など。

・病院内業務を代行する会社（アウトソーシング会社）
　医療関連業務：病院給食受託業者、臨床検査受託業者、遠隔画像診断業者、医療機器保守点検業者、医療用ガス設備保守点検業者、滅菌・消毒業者など。
　医療外業務：医療事務代行業者、病院清掃業者、クリーニング業者、システム運用管理業者、医療廃棄物処理業者、病院物品管理業者など。

2 医療製品のメーカーと卸売販売業者

　医療関連ビジネスで特に規模が大きいのは、医療関係の製品を病院に提供している会社である。主なものとして、製品を製造するメーカーと、その製品を各病院に卸す販売業者がある。

・製薬会社
　医薬品を製造する会社。医薬品は、一般に医療用医薬品、その他の医薬品（処方せんは必要としないが一般流通していない医薬品）、一般用医薬品、配置用家庭薬に分けられる。

[*1] 卸売販売業者：薬機法は、医薬品の販売業について次のように規定している。要指導医薬品や一般用医薬品を販売できる店舗販売業、一般用医薬品を配置により販売できる配置販売業、医薬品を薬局開設者や医薬品製造販売業者、医療機関などに販売できる卸売販売業。

このうち医療用医薬品の売上が全体の９割以上を占める。

・医療機器メーカー、医療材料メーカー

薬機法で規制を受ける医療機器や医療材料を製造する会社。製造だけでなく、販売、リース、修理まで行う場合もあり、これらに携わる会社は多種多様である。医療機器で売上に占める割合が大きいのは、画像診断システムや生体機能補助・代行機器であり、この分野の会社は規模が大きい。

・医薬品・医療機器・医療材料の卸売販売業者

医薬品や医療機器、医療材料をメーカーから購入して病院に納入する卸売販売業者。広域卸を扱う大企業、地場の中小企業、メーカーの販売子会社に分かれる（医薬品の場合、メーカーは基本的に製造のみ行うが、後発医薬品〈ジェネリック医薬品〉メーカーには販売子会社を持つ会社もある）。

3 医療関連サービス振興会

医療政策に左右される医療業界において、１つの企業が国の動向やサービスの質を向上させるための努力をしていくには限界がある。そこで、医療を支援する企業のサービスと質を管理していくために、医療関連サービス提供企業などに対する連絡体制を確立し、医療関連サービスの健全な発展に関する事業を行っていくことを目的として、1990（平成２）年に一般財団法人医療関連サービス振興会が設立された。医療法および医療法施行規則によって一定の委託業務が可能とされている。具体的には「検体検査」「滅菌消毒」「患者等給食」「患者搬送」「医療機器の保守点検」「医療用ガス供給設備の保守点検」「寝具類洗濯」「院内清掃」を中心に、関連サービスにかかわる企業が加入している。

医療関連サービス振興会では、その目的を達成するために、研修事業や調査、海外研修、評価認定事業を行っている。特に評価認定事業については独自の認定基準を設定し、認定要件を満たす事業者等に対して医療関連サービスマークを発行している。医療関連サービスマークの対象業務となるのは、上記の８業種を基本に、「医療機器の保守点検」を在宅酸素療法における酸素供給装置の保守点検と医療機器の保守点検、「滅菌消毒」を院内及び院外滅菌消毒業務に分類した計10業種。この医療関連サービスマークを受けた企業は、医療サービスを支援する企業として、病院が事業者を選定する際の１つの目安となる。

4 医療関連ビジネスの動向

医療関連ビジネスを理解するうえで重要なのは、出入り業者の特性や、病院と業者の関係を理解することである。例えば、業者には、製薬会社のように日本全国を対象とする業者と、医療材料の卸売販売業者のように地域に根差した業者の２種類が存在する。日本全

第9章 医療関連ビジネス

国を対象とする業者には製薬会社や医療機器メーカーがあり、医薬品卸売販売業者も近年は広域化しつつある。一方、地域に根差した業者は、医療機器や医療材料の卸売販売業者などであり、小規模なものが多い。これは、メーカーがさまざまな製品を独自に開発しているのに対し、卸売りを担当する業者は、高齢者が多いとか基幹的な病院が不足しているといった地域の実状に合わせて、病院ごとに異なる対応をしなければならないからである。しかし、近年は医療の標準化が進んでおり、これに伴って医薬品卸売販売業者のように広域化する業種が現れてきた。医療関連ビジネス業界は、統廃合されて広域化し、効率化が図られる傾向にある。

病院経営にかかわる者は、こうした動向をいち早くつかみ、医療の質を担保しながら、経費の無駄を極力抑えていかなければならない。ちょっとした製品の違いや人的資源の違いが積み重なることで、結果として経営効率が大きく左右されるからである。出入り業者といかに良好な協力関係を築けるかが、病院経営を成功に導くカギとなる。

医療関連ビジネス(製品提供)

1　製薬会社

　製薬会社とは、医薬品を開発・製造している会社である。先発医薬品メーカーと後発医薬品(ジェネリック医薬品)メーカーに大きく分けられる。先発医薬品メーカーは、特許で守られた革新的な医薬品の開発、製造、販売を中心に行っている。後発医薬品メーカーは、先発医薬品メーカーが開発した医薬品の中で、特許が切れた製品を安価で製造、販売している。近年の医療政策は、医療費抑制のために後発医薬品の使用を促進しているため、後発医薬品メーカーにとって追い風となっている。

　製薬会社との付き合い方は病院によって違い、MRの訪問を許可していない病院もあれば、訪問規制をしていない病院もある。MRの訪問規制方法としては、登録制や訪問時間制限などを行う病院が多い。MRの情報提供は医師と薬剤師が中心となるが、薬価の把握などが必要な管理部門への情報提供も同時に必要となる。

2　医療機器メーカー、医療材料メーカー

　特許に守られていない医療機器や医療材料には価格競争が起こりやすい。病院としては、その動向をいち早くキャッチできるようなメーカーとの関係づくりが必要である。

(1)医療機器メーカー

　医療に用いられる機器には、CTやMRIなどの大型医療機器からピンセットまで専業のメーカーが存在し、自社で販売まで行う会社もあるが、製造だけを行っている場合もある。

　医療機器メーカーは、大型で高価な医療機器を製造する会社は少なく、小型でシンプルで安価な医療機器を製造する会社ほど多く存在する。これは、大型医療機器の開発には多額な投資が必要なこと、最先端の医療機器は特許に守られており簡単に参入できないこと、などが影響している。特殊な検査や治療のための医療機器は、1つのメーカーが独占していることが珍しくなく、この場合は価格交渉が難しい。

第9章　医療関連ビジネス

（2）医療材料メーカー

　使い捨ての注射器や輸液チューブ、衛生材料などの医療材料は、新製品の開発が活発に行われ、次々に市場に出回っている。その一方で、古くからある医療材料には値くずれが起きているものもある。そのため、病院は医療材料メーカーと連携し、いち早く有用な情報提供を受けられるような信頼関係をつくっておく必要がある。また、医療材料を採用する際は、現場にかかる負担を考慮しなければならない。同じ機能を持つ製品への変更であっても、使い勝手が異なるため、現場で商品サンプルなどを試用したうえで採用する。価格だけをみて変更すると現場から反対を受けることもあり、場合によっては職員のやる気をそぐことにもなりかねない。

3　医薬品卸売販売業者

　医薬品卸売販売業者は、病院に医薬品を納入する業者である。医薬品卸売販売業者は、以前は都道府県ごとに数社が存在したが、現在は集約化され、広域卸と呼ばれる4グループ（メディパルホールディングス、アルフレッサホールディングス、スズケン、東邦ホールディングス）が納品シェアの大部分を占めている。

　病院が医薬品卸売販売業者に期待することは、主に製品配送の質と価格である。製品配送の質とは、必要な薬品が欠品することのない体制や、オーファンドラッグ（稀少医薬品）の納入が容易であることなどである。また、医薬品の納入価格は、慣例として、医薬品卸売販売業者と病院が時間をかけて価格交渉を行い決めている。しかし、医療費抑制の影響を受けて医薬品卸売販売業者の利益が圧迫されていることや、病院経営が厳しくなり支払い能力に問題が生じるようになってきたことから、期間が短縮されるなど価格交渉は年々厳しくなっている。医薬品卸売販売業者では、MS[*1]が病院との価格交渉などを行っている。

4　医療機器・医療材料の卸売販売業者

　医療機器と医療材料に関連した製品数は膨大であり、病院がそれらをすべて把握して購入することは難しいため、医療機器・医療材料の卸売販売業者が各病院に合わせた提案を行っている。医療機器・医療材料の卸売販売業者には、医療機器・医療材料の卸機能を中心とする独立系と、医療機器メーカーの販売子会社がある。競争力のある医療機器メーカー

---

*1　MS：Marketing Specialistの略。病院を訪問し、医薬品の価格交渉や仕入れの最適化、病院への経営支援ツールの販売などの提案を行う医薬品商社の営業担当者。

医療関連ビジネス（製品提供）❷

は、販売子会社を設置している場合が多い。医薬品卸売販売業者とは違って統廃合が進んでいないため、小規模な問屋が全国に多数存在する。

　取引については、医薬品卸売販売業者と同様に掛け売り[*2]が慣習となっている。医療機器と医療材料の取引において難しい点は、医薬品は薬価があるため値引き率を計算しやすいが、医療材料はほとんどがオープン価格のため、適正価格を判断することが難しいことである。

---

*2　掛け売り：信用取引の一種で、一定期間ののちに代金を受け取る約束のもと、物品を先に納入すること。貸し売り。

医療経営士初級●テキスト4　133

第9章　医療関連ビジネス

3 医療関連ビジネス（経営サポートなど）

1 病院経営コンサルタント

　昨今の厳しい病院経営の中で活躍しているのが、開業支援やシステム構築をサポートする病院経営コンサルタントである。

(1)母体と資格

　病院経営コンサルタントは、税理士法人や建築事務所などが母体となって開業している場合が多く、会計やマーケティングを中心にコンサルティングを行っている。近年では、コンサルティング会社出身のコンサルタントが独立開業するケースも多くみられる。

　病院経営コンサルタントに関する資格としては、公益社団法人日本医業経営コンサルタント協会が認定する医業経営コンサルタントがある。

(2)コンサルタントの種類

　特定の分野に特化したコンサルタントとして、診療報酬の算定方法を指導するなど病院収入を中心としたコンサルタントや、診療報酬債権の流動化や短期貸付などにより資金繰りを支援するコンサルタントなどがある。また、建築事務所などは、病院建築と建築に関係する補助金の取得などについてコンサルテーションを行う場合がある。

　近年では、DPCに関する指導を行うコンサルタントもおり、DPCの症例ごとの治療実績をベンチマークできるアプリケーションを配布したり、DPCコード別の原価計算などの支援をすることにより、経営指導を行っていく。

(3)利用する際の留意点

　昨今、さまざまなかたちで病院がコンサルタントを利用する機会が増えているが、コンサルタントが現場を直接指導することは稀である。そのため、高額なコンサルタント料を払ったものの、目にみえる結果につながらないこともある。コンサルタントはあくまで外部のアドバイザーであり、病院を変革できるかどうかは、経営者や各部署の職員次第であることを忘れてはならない。

134　医療経営士初級●テキスト4

医療関連ビジネス（経営サポートなど）❸

2　医薬情報提供会社

　情報提供会社も病院にとって重要な存在である。新たな制度が導入されたときなどは、情報提供会社から制度の概要をレクチャーしてもらったり、導入による医薬業界への影響をシミュレートしたレポートを購入したりすることで、情報を素早く入手し、院内研修会や経営改善に役立てることができる。

　また、医療を専門とした出版社も多く存在している。医学一般を扱う出版社のほか、医療経営、看護、薬剤、医療事務などさまざまな専門分野に特化した出版社がある。これらの出版社は、出版物の発行だけでなく資格取得のための模擬試験や各種セミナーの開催などを通して、医療職及び事務職にさまざまな情報提供を行っている。

3　ITベンダー

　情報管理は病院でも経営戦略上、重要な位置づけとなっており、各病院はITを利用した情報システムの構築を急いでいる。

（1）医療業界とITベンダー

　情報管理のための部署をおく病院も増えているが、時間やコストの面からSE（System Engineer）を職員として雇用し、内部でシステム開発を進めることは難しく、ほとんどの病院はITベンダーからそれらのシステムを購入することになる。ITベンダー各社は、医療機関の規模などによって、ある程度対象を絞って事業を展開している。すべての医療機関に対応しているITベンダーは数社しかなく、多くは各システム専業のITベンダーである。

（2）IT化による情報管理

　病院における情報管理のうち重要なのは、診療情報と病院経営関連情報である。診療情報の管理については、レセプトコンピュータ（レセコン）やオーダリングシステム、電子カルテ、部門システムなどがある。また、病院経営関連情報の管理については、財務会計や人事労務、勤怠管理などのシステムがある。広報活動には、病院ホームページの活用も有効である。

（3）IT化を進めるうえでの課題

　専業ITベンダーがシステム導入によるメリットなどの情報をうまく病院に提供できていない、病院側に情報管理ができる人材がいないといった理由で、病院のIT化が思うように進まないことがある。IT化のためには非常に高価な投資が必要であり、導入の効果

医療経営士初級●テキスト4　135

が明確でなければ病院は投資をためらう傾向にある。また、日常業務を変えることは、現場の職員にとって想像以上に大きな負担となるため、新たなシステムの導入に対する反対意見が病院内部から出されることもある。新システム導入にあたっては、事前によく周知するとともに、新業務への移行のために十分な時間をとるなどの手順を踏む必要がある。

医療関連ビジネス(業務代行)

1 病院給食受託業者

　医療法の改正により病院内の食事は業者への委託が可能となった。受託業者として参入しているのは、社員食堂などを受託してきた配食サービス業者や、その他の病院周辺ビジネスを行ってきたことで病院とのつながりを持つ業者などである。

　近年の病院給食の課題は、質とコストのバランスをいかに保つかということにある。業務委託によって食事内容が改善されることが多く、人件費や材料費を削減し、同時に食事の質を向上するために、委託は有効な手段の1つである。このため、病院にとって給食は、患者満足度向上のための手段と考えられるようになっている。

　病院給食の調理は業務委託が可能だが、病院給食の管理は病院に直接雇用された管理栄養士が行わなければならない。そのため、病院と病院給食受託業者との連携、病院の管理栄養士のマネジメント能力向上などが求められる。

2 臨床検査受託業者

　医療法は、検体検査を委託可能としている。病院における臨床検査の委託には、診断精度の向上とコスト削減の効果がある。特にコスト面では、使用頻度の低い大型の医療機器を必要とするなど採算の合わない検査を外部の検査センターに集約することで、病院での無駄な設備投資を減らすことが可能となる。それによって、人員配置の無駄も削減できる。

　臨床検査の委託形態には、ブランチラボ方式、FMS (Facility Managed System) 方式、検体集配方式などがあり、病院内で行う検査と委託による検査のバランスをどのようにとっていくかが医療の質向上のための課題となっている。

・ブランチラボ方式

　受託業者が臨床検査技師や検査機器、検査試薬などの消耗品を持ち込み、病院内に検査センター機能を展開する方式。検査機器や人材まですべて外注の検査部門である。

・FMS方式

　人材を除く検査機器と試薬と運営を委託する方式。検査機器は受託業者が貸し出し、検査試薬などの消耗品は受託業者から購入する。消耗品の価格に検査機器の使用代金が上乗

第9章　医療関連ビジネス

せされる取引形態である。

・検体集配方式

受託業者が病院から検体を回収し、その検査結果を病院に報告する方式。病院における委託形態として最も一般的であるが、検体採取から結果が出るまでに時間を要するため、緊急の検査には適さない。

3　遠隔画像診断業者

小規模な病院は読影を行う体制を整えることが難しいため、X線検査やCT、MRIといった画像診断を外部の業者に委託している。この場合、病院はCTやMRIなどの検査画像を受託業者の読影センターへ電送し、読影センターの放射線専門医が電送されてきた画像を読影する。結果は1〜2日程度で依頼した病院へと返送される。

多くの遠隔画像診断業者は、地域のイメージングセンターとして機能することをめざしている。イメージングセンターとは、画像診断機器を備えた検査センターのことである。診療所や病院から検査の紹介を受けた患者がイメージングセンターで検査を行うことにより、より高度な医療機器による検査や精度の高い診断を受けることができるようになり、医療資源の効率的な利用にもつながる。

近年、遠隔画像診断業者は増加しており、放射線専門医を確保するために海外に読影センターをおく業者も出現している。

4　医療用ガス設備保守点検業者

病院で利用する酸素や笑気ガス、窒素ガスといった医療用ガスを病院に納入し、そのガスを利用するための設備を保守点検する業者である。呼吸不全の患者や手術における麻酔のために、病院では日常的に医療用ガスを使用している。このため、診察室や病室の各ベッドには医療用ガスの配管が張り巡らされており、その保守点検は病院の運営に不可欠なものである。受託業者の選定には、一般社団法人日本産業・医療ガス協会に加盟しているかどうかなどが参考になる。

さらに近年では、在宅で酸素療法を行うCOPD（慢性閉塞性肺疾患）などの患者も増加している。在宅酸素療法における酸素の提供には、医療機関が契約した在宅酸素業者を利用するが、緊急の場合に患者の自宅へ急行する体制が整備された業者を選択することが望ましい。

医療関連ビジネス（業務代行）④

5　医療事務代行業者

　病院の経営合理化が進められる中、診療報酬の配置基準にかかわらない部門は縮小傾向にあり、事務部門は合理化の対象となりやすい。国家資格を持たない事務員の中でも、特に医療事務については、人事労務や人材教育の効率化の観点から、業務委託することが合理的と考える病院は多い。

　医療事務代行業者は主に、医療事務員の採用と教育を行う。医療事務の通信教育を行い資格認定することで、基礎知識を習得させている。資格認定された人材は、医療事務代行業者が医療事務業務を受託した病院や、受付、窓口会計、診療報酬計算の請負業務先でそれぞれの業務を行う。

　職員が公務員であるために業務量に応じた定員の増減が難しい自治体病院は、医療事務代行業者への業務委託を行うことが多い。また、産休や育児休暇の事務員の代替、業務フローを変える際の人材確保、医療事務部門の体制整備などの際に一時的に利用する病院もある。

6　病院清掃業者

　病院内の清掃は、委託化が進んでいる。職員として清掃員を採用するより、コスト面でも有利である。病院清掃業は、ビルメンテナンス会社を中心に、小規模の業者が地域単位で行っている場合が多い。

　病院清掃には、外来待合室や病室などの通常清掃、手術室などの特殊清掃、メンテナンスのための定期清掃がある。通常清掃は、患者の療養環境としての観点を考慮しなければならない。定期清掃は、通常清掃で落としきれない汚れや長期使用に耐えるための清掃である。定期清掃を怠ると汚れが目立つようになり、床などの耐久性も悪化する。特殊清掃は、手術室の床清掃などを指し、清掃を行う者には感染防止の知識や手術室のクリーン度を保持するための特殊な技術が必要とされる。

　清掃業者との契約は事務部主導で行われる場合が多いため、使用頻度の高い場所を中心に清掃回数を増やし、そうでない部分の清掃回数は減らすなどの調整を行い、現場を管理する看護師などと清掃業者とのトラブルを回避することが必要である。

7　クリーニング業者

　以前は、リネン類やユニフォームなどは病院内でクリーニングされていたが、乾燥のための場所や保管庫の確保などが困難な病院が多かった。医療法改正により、病院におけるリネン類のクリーニングが委託可能となり、現在では、寝具をはじめとした洗濯物は、外

医療経営士初級●テキスト4　**139**

部のクリーニング業者を使うことが一般的となっている。

　病院のベッドシーツ、布団カバー、枕カバーは、週に1～2度交換する。病院では、クリーニング業者から納品されたリネン類でベッドメイキングを行い、使用済みのリネン類を回収して業者に渡す。クリーニング業者選定にあたっては、病院寝具協会に加盟しているかどうかなどが参考になる。現在は大手クリーニング業者の寡占状態である。

確認問題

問題1 医療関連サービスマークの対象業務について、次の選択肢のうち正しいものを３つ選べ。

[選択肢]

①院内物品管理

②院内滅菌消毒

③医療廃棄物処理

④患者給食

⑤患者搬送

確認問題

解答 解説

解答 1 ②、④、⑤

解説 1

①×：院内物品管理については、医療関連サービスマークの対象業務となっていない。

②○：選択肢のとおり。

③×：医療廃棄物の処理については、医療法・医療法施行規則による規定ではなく、廃棄物の処理及び清掃に関する法律（廃棄物処理法）等によって規定されている。

④○：選択肢のとおり。

⑤○：選択肢のとおり。

参考文献

木村憲洋他編著、『だれでもわかる！医療現場のための病院経営のしくみ』、日本医療企画、2008年

木村憲洋、川越満著、『病院のしくみ』、日本実業出版社、2005年

医療コミュニケーターテキスト編集委員会編、『医療コミュニケーターテキスト』、日本医療企画、2010年

介護経営の未来を考える委員会著、『現場リーダーのための介護経営のしくみ』、日本医療企画、2010年

索 引

[D]

DPC ·······················12

[E]

EBM ·······················74

[M]

MR ·····················71, 131

MS ·······················132

[N]

NST（栄養サポートチーム：Nutrition Support Team）···········58, 76

[い]

医局·······················46

医師·······················19

医師法·······················19

一般病床·····················3

医薬分業·····················88

医療関連サービス振興会···········129

医薬品、医療機器等の品質、有効性及び安全性の確保等に関する法律·········20

医療計画·····················101

医療圏·······················101

医療ソーシャルワーカー···········60

医療法·······················19

院外処方·····················88

インシデント··············68, 75

院内処方·····················88

[え]

栄養士·······················58

[か]

介護保険·····················83

介護医療院····················85

介護療養型医療施設··············85

介護老人福祉施設···············85

介護老人保健施設···············85

かかりつけ医··················26

看護師·················20, 49, 72

患者サービス··················76

がん診療連携拠点病院············27

患者のための薬局ビジョン··········90

感染症対策委員会···············78

感染症病床····················3

管理栄養士····················58

[き]

義肢装具士····················57

基本診療料····················10

救急医療·····················27

[く]

クリティカルパス········77, 118, 123

クリニカルパス················123

[け]

結核病床・・・・・・・・・・・・・・・・・・・・・3
健康サポート薬局・・・・・・・・・・・・・・90
健康保険法・・・・・・・・・・・・・・・・・・20
言語聴覚士・・・・・・・・・・・・・・・・・・57

[こ]

厚生労働省・・・・・・・・・・・・・・・・・・97
後発医薬品（ジェネリック医薬品）・・・・89
国民健康保険法・・・・・・・・・・・・・・・20

[さ]

災害拠点病院・・・・・・・・・・・・・・・・28
作業療法士・・・・・・・・・・・・・・・・・・57

[し]

社会福祉士・・・・・・・・・・・・・・・57, 59
准看護師・・・・・・・・・・・・・・・・20, 49
新専門医制度・・・・・・・・・・・・・・・・47
診療放射線技師・・・・・・・・・・・・・・・55
診療報酬・・・・・・・・・・・・・・・・・9, 13

[す]

スーパーローテート方式・・・・・・・・・・47

[せ]

政策医療・・・・・・・・・・・・・・・・・・26
精神科ソーシャルワーカー・・・・・・・・・60
精神病床・・・・・・・・・・・・・・・・・・・3
精神保健福祉士・・・・・・・・・・・・・・・59
全日本病院協会・・・・・・・・・・・・・・112

[ち]

地域医療構想（ビジョン）・・・・・・・・・31
地域医療支援病院・・・・・・・・・・・・・29
地域包括ケアシステム・・・・・・・・・・・83

[て]

出来高払い方式・・・・・・・・・・・・・・11

[と]

特定機能病院・・・・・・・・・・・・・・・・30
特定行為に係る看護師の研修制度・・・・・52
特定入院料・・・・・・・・・・・・・・・・・15
特掲診療料・・・・・・・・・・・・・・・・・10

[な]

ナース・プラクティショナー・・・・・・・・51

[に]

日本医師会・・・・・・・・・・・・・・・・108
日本医療法人協会・・・・・・・・・・・・・112
日本看護協会・・・・・・・・・・・・・・・110
日本精神科病院協会・・・・・・・・・・・・113
日本病院会・・・・・・・・・・・・・・・・111
日本病院薬剤師会・・・・・・・・・・・・・109
日本薬剤師会・・・・・・・・・・・・・・・109
入院基本料等加算・・・・・・・・・・・・・14
入院基本料・・・・・・・・・・・・・・・・・14

[ひ]

病床機能報告制度・・・・・・・・・・・・・30
標榜科・・・・・・・・・・・・・・・・・・・46

医療経営士●初級テキスト4　145

[へ]

へき地医療拠点病院・・・・・・・・・・・・・・・28

[ほ]

包括払い方式・・・・・・・・・・・・・・・・・・・11
放射線専門医・・・・・・・・・・・・・・・・・・55
保険医療機関及び保険医療養担当規則・・21
保健師助産師看護師法・・・・・・・・・・・・・20
保険薬局・・・・・・・・・・・・・・・・・・・・・88
保険薬局及び保険薬剤師療養担当規則・・89

[ま]

マッチング制度・・・・・・・・・・・・・・・・・47

[め]

メディカルスタッフ・・・・・・・・・・・・・・ 5, 53

[や]

薬剤師・・・・・・・・・・・・・・・・・・・・・ 54, 88
薬価差益・・・・・・・・・・・・・・・・・・・・・88

[よ]

四病院団体協議会（四病協）・・・・・・・・・106

[り]

理学療法士・・・・・・・・・・・・・・・・・・・57
療養病床・・・・・・・・・・・・・・・・・・・・・3
臨床検査技師・・・・・・・・・・・・・・・・・・55
臨床心理士・・・・・・・・・・・・・・・・・・・57
倫理委員会・・・・・・・・・・・・・・・・・・・74

著者紹介

木村　憲洋 （きむら・のりひろ）
（第1章、第4章、第9章）

高崎健康福祉大学　健康福祉学部医療情報学科　准教授

武蔵工業大学工学部機械工学科卒業。国立医療・病院管理研究所（現国立保健医療科学院）病院管理専攻科・研究科修了。東京医科歯科大学大学院医歯学総合研究科博士課程・満期退学。神尾記念病院（東京都）、今井病院（栃木県）を経て、現職。主な著書に『だれでもわかる！医療現場のための病院経営のしくみ』（日本医療企画）、『病院のしくみ』『薬局のしくみ』『医療費のしくみ』（いずれも日本実業出版社）、『ダブル改定とは、○○である。』（木村情報技術株式会社）など。

佐藤　譲 （さとう・ゆずる）
（第2章、第3章、第8章）

公益財団法人日本心臓血圧研究振興会附属榊原記念病院監理部　副部長

1996（平成8）年、東海大学大学院経営工学専攻博士課程前期修了。財団法人日本訪問看護振興財団主任研究員などを経て、2003（平成15）年、財団法人日本心臓血圧研究振興会附属榊原記念病院に入職。2010年より監理部部長（企画・運営担当）、現在に至る。

水本　昌克 （みずもと・まさかつ）

税理士法人リーガル・アカウンティング・パートナーズ　代表社員／税理士

1966（昭和41）年生まれ。慶應義塾大学経済学部卒業。損害保険会社、税理士法人を経て、2008（平成20）年、税理士法人リーガル・アカウンティング・パートナーズを設立し、代表社員に就任。主な著書に、『オーナー社長の税金虎の巻』（大蔵財務協会）、『企業目利き力養成講座～医療事業・介護福祉事業』（きんざい）、『実務者のための医療・介護経営用語事典』（法研）など。

井村　健司 （いむら・けんじ）
（第5章、第6章、第7章）

医療法人財団暁あきる台病院　副院長、企画室室長

1991（平成3）年、早稲田大学大学院経営学研究科修了。国立医療・病院管理研究所（現国立保健医療科学院）病院管理専攻科・研究科修了。河北総合病院を経て、1992（平成3）年、あきる台病院に入職。企画室長、経営担当副院長となり、現在に至る。主な著書に『銀行に見殺しにされないための十箇条』（自由工房）、共著に『病院経営戦略』（医学書院）、『クリティカルパスによる臨床管理の実践』（日総研出版）など。日本医科大学非常勤講師。

『医療経営士テキストシリーズ』　総監修

川渕　孝一 （かわぶち・こういち）

1959年生まれ。1983年、一橋大学商学部卒業後、民間病院・企業を経て、1987年、シカゴ大学経営大学院でMBA取得。国立医療・病院管理研究所、国立社会保障・人口問題研究所勤務、日本福祉大学経済学部教授、日医総研主席研究員、経済産業研究所ファカルティ・フェロー、スタンフォード大学客員研究員などを経て、現在、東京医科歯科大学大学院教授。主な研究テーマは医業経営、医療経済、医療政策など。『2040年の薬局』（薬事日報社）、『第六次医療法改正のポイントと対応戦略60』『病院の品格』（いずれも日本医療企画）、『医療再生は可能か』（筑摩書房）、『医療改革～痛みを感じない制度設計を～』（東洋経済新報社）など著書多数。

MEMO

MEMO

MEMO

MEMO

『医療経営士テキストシリーズ』

「医療経営士」が今、なぜ必要か？

マネジメントとは経営学で「個人が単独では成し得ない結果を達成するために他人の活動を調整する行動」と定義される。医療機関にマネジメントがないということは、「コンサートマスターのいないオーケストラ」、「参謀のいない軍隊」のようなものである。

わが国の医療機関は、収入の大半を保険診療で得ているため、経営層はどうしても「診療報酬をいかに算定するか」「制度改革の行方はどうなるのか」という面に関心が向いてしまう。これは"制度ビジネス"なので致し方ないが、現在、わが国の医療機関に求められているのは「医療の質の向上と効率化の同時達成」だ。この二律相反するテーマを解決するには、医療と経営の質の両面を理解した上で病院全体をマネジメントしていくことが求められる。

医療経営の分野においては近年、医療マーケティングやバランスト・スコアカード、リエンジニアリング、ペイ・フォー・パフォーマンスといった経営手法が脚光を浴びてきた。しかし、実際の現場に根づいているかといえば、必ずしもそうとは言えない。その大きな原因は、医療経営に携わる職員がマネジメントの基礎となる真の知識を持ち合わせていないことだ。

医療マネジメントは、実践科学である。しかし、その理論や手法に関する学問体系の整備は遅れていたため、医療関係者が実践に則した形で学ぶことができる環境がほとんどなかったのも事実である。

そこで、こうした医療マネジメントを実践的かつ体系的に学べるテキストブックとして期待されるのが、本『医療経営士テキストシリーズ』である。目指すは、医療経営に必要な知識を持ち、医療全体をマネジメントしていける「人財」の養成だ。

なお、本シリーズの特徴は、初級・中級・上級の3級編になっていること。初級編では、初学者に不可欠な医療制度や行政の仕組みから倫理まで一定の基礎を学ぶことができる。また、中級編では、医療マーケティングや経営戦略、組織改革、財務・会計、物品管理、医療IT、チーム力、リーダーシップなど、「ヒト・モノ・カネ・情報」の側面からマネジメントに必要な知識が整理できる。そして上級編では、各種マネジメントツールの活用から保険外事業まで医療機関のトップや経営参謀を務めるスタッフに必須となる事案を網羅している。段階を踏みながら、必要な知識を体系的に学べるように構成されている点がポイントだ。

テキストの編著は医療経営の第一線で活躍している精鋭の研究者や実務家である。そのため、内容はすべて実践に資するものになっている。医療マネジメントを体系的にマスターしていくために、初級編から入り、ステップアップしていただきたい。

医療マネジメントは知見が蓄積されていくにつれ、日々進歩していく科学であるため、テキストブックを利用した独学だけではすべてをフォローできない面もあるだろう。そのためテキストブックは改訂やラインアップを増やすなど、日々進化させていく予定だ。また、執筆者と履修者が集まって、双方向のコミュニケーションを行える検討会や研究会といった「場」を設置していくことも視野に入れている。

本シリーズが医療機関に勤務する事務職はもとより、医師や看護職、そして医療関連サービスの従事者に使っていただき、そこで得た知見を現場で実践していただければ幸いである。そうすることで一人でも多くの病院経営を担う「人財」が育ち、その結果、医療機関の経営の質、日本の医療全体の質が高まることを切に願っている。

『医療経営士テキストシリーズ』総監修
川渕　孝一

■初級テキストシリーズ（全8巻）

巻	タイトル	編著者代表
1	医療経営史 ― 医療の起源から巨大病院の出現まで［第3版］	酒井シヅ（順天堂大学名誉教授・特任教授／元日本医史学会理事長）
2	日本の医療政策と地域医療システム ―医療制度の基礎知識と最新動向［第4版］	尾形裕也（九州大学名誉教授）
3	日本の医療関連法規 ―その歴史と基礎知識［第4版］	平井謙二（医療経営コンサルタント）
4	病院の仕組み／各種団体、学会の成り立ち ―内部構造と外部環境の基礎知識［第3版］	木村憲洋（高崎健康福祉大学健康福祉学部医療情報学科准教授）
5	診療科目の歴史と医療技術の進歩 ―医療の細分化による専門医の誕生、総合医・一般医の役割［第3版］	上林茂暢（龍谷大学社会学部地域福祉学科名誉教授）
6	日本の医療関連サービス ―病院を取り巻く医療産業の状況［第3版］	井上貴裕（千葉大学医学部附属病院副病院長・病院経営管理学研究センター長）
7	患者と医療サービス ―患者視点の医療とは［第3版］	深津博（愛知医科大学病院医療情報部特任教授／日本医療コンシェルジュ研究所理事長）
8	医療倫理／臨床倫理 ―医療人としての基礎知識	箕岡真子（東京大学大学院医学系研究科医療倫理学分野客員研究員／箕岡医院院長）

■中級テキストシリーズ（全19巻）

【一般講座】（全10巻）

巻	タイトル	編著者代表
1	医療経営概論—病院の経営に必要な基本要素とは	吉長成恭（広島国際大学大学院医療経営学専攻教授）
2	経営理念・ビジョン／経営戦略—経営戦略実行のための基本知識	鐘江康一郎（聖路加国際病院経営企画室）
3	医療マーケティングと地域医療—患者を顧客としてとらえられるか	真野俊樹（多摩大学統合リスクマネジメント研究所教授）
4	医療ITシステム—診療情報の戦略的活用と地域包括ケアの推進	瀬戸僚馬（東京医療保健大学保健学部医療情報学科准教授）
5	組織管理／組織改革—改革こそが経営だ!	冨田健司（同志社大学商学部商学科准教授）
6	人的資材管理—ヒトは経営の根幹	米本倉基（岡崎女子短期大学教授）
7	事務管理／物品管理—コスト意識を持っているか?	山本康弘（国際医療福祉大学医療福祉・マネジメント学科教授）
8	財務会計／資金調達（1）財務会計	橋口徹（日本福祉大学福祉経営学部教授）
9	財務会計／資金調達（2）資金調達	福永肇（藤田保健衛生大学医療科学部医療経営情報学科教授）
10	医療法務／医療の安全管理—訴訟になる前に知っておくべきこと	須田清（弁護士／大東文化大学法科大学院教授）

【専門講座】（全9巻）

巻	タイトル	編著者代表
1	診療報酬制度と医業収益—病院機能別に考察する戦略的経営［第4版］	井上貴裕（千葉大学医学部附属病院副病院長・病院経営管理学研究センター長）
2	広報・広告／ブランディング—集患力をアップさせるために	石田章一（日本HIS研究センター代表理事／ビジョンヘルスケアズ代表）
3	部門別管理—目標管理制度の導入と実践	西村周三（京都大学理事・副学長）、森田直行（京セラマネジメントコンサルティング代表取締役会長兼社長／前京セラ代表取締役副会長）
4	医療・介護の連携—地域包括ケアと病院経営［第4版］	橋爪章（元保健医療経営大学学長）
5	経営手法の進化と多様化—課題・問題解決力を身につけよう	鐘江康一郎（聖路加国際病院経営企画室）
6	創造するリーダーシップとチーム医療—医療イノベーションの創発	松下博宣（東京農工大学大学院技術経営研究科教授）
7	業務改革—病院活性化のための効果的手法	白濱伸也（日本能率協会コンサルティング品質経営事業部シニア・コンサルタント）
8	チーム医療と現場力—強い組織と人材をつくる病院風土改革	白髪昌世（広島国際大学医療経営学部医療経営学科教授）
9	医療サービスの多様化と実践—患者は何を求めているのか	島田直樹（ピー・アンド・イー・ディレクションズ代表取締役）

■上級テキストシリーズ（全13巻）

巻	タイトル	編著者代表
1	病院経営戦略論—経営手法の多様化と戦略実行にあたって	尾形裕也（九州大学大学院医学研究院医療経営・管理学講座教授）
2	バランスト・スコアカード—その理論と実践	荒井耕（一橋大学大学院商学研究科管理会計分野准教授）、正木義博（社会福祉法人恩賜財団済生会横浜市東部病院長補佐）
3	クリニカルパス／地域医療連携—医療資源の有効活用による医療の質向上と効率化	濃沼信夫（東北大学大学院医学系研究科教授）
4	医工連携—最新動向と将来展望	田中紘一（公益財団法人神戸国際医療交流財団理事長）
5	医療ガバナンス—医療機関のガバナンス構築を目指して	内田亨（西武文理大学サービス経営学部健康福祉マネジメント学科准教授）
6	医療品質経営—患者中心医療の意義と方法論	飯塚悦功（東京大学大学院工学系研究科医療社会システム工学寄付講座特任教授）、水流聡子（東京大学大学院工学系研究科医療社会システム工学寄付講座特任教授）
7	医療情報セキュリティマネジメントシステム（ISMS）	紀ノ定保臣（岐阜大学大学院医学系研究科医療情報学分野教授）
8	医療事故とクライシスマネジメント—基本概念の理解から危機的状況の打開まで	安川文朗（熊本大学法学部公共社会政策論講座教授）
9	DPCによる戦略的病院経営—急性期病院経営に求められるDPC活用術	松田晋哉（産業医科大学医学部教授（領域公衆衛生学））
10	経営形態—その種類と選択術	羽生正宗（山口大学大学院経済学研究科教授／税理士）
11	医療コミュニケーション—医療従事者と患者の信頼関係構築	荒木正見（九州大学哲学会会長、地域健康文化学研究所所長）、荒木登茂子（九州大学大学院医学研究院医療経営・管理学講座医療コミュニケーション学分野教授）
12	保険外診療／附帯業務—自由診療と医療関連ビジネス	浅野信久（大和証券キャピタル・マーケッツ コーポレートファイナンス第一部担当部長／東京大学大学院客員研究員）
13	介護経営—介護事業成功への道しるべ	小笠原浩一（東北福祉大学大学院総合福祉学研究科教授／ラウレア応用科学大学国際諮問委員・研究フェロー）

※肩書きはテキスト執筆時のものです

医療経営士●初級テキスト4［第3版］

病院の仕組み／各種団体、学会の成り立ち
──内部構造と外部環境の基礎知識

2018年7月24日　第3版第1刷発行
2018年12月14日　第3版第2刷発行

編　　　著　木村　憲洋
発　行　人　林　　　諄
発　行　所　株式会社 日本医療企画
　　　　　　〒101-0033　東京都千代田区神田岩本町4 -14　神田平成ビル
　　　　　　TEL 03-3256-2861（代）　http://www.jmp.co.jp
　　　　　　「医療経営士」専用ページ　http://www.jmp.co.jp/mm/
印　刷　所　図書印刷 株式会社

ⒸNORIHIRO KIMURA 2018,Printed in Japan
ISBN978-4-86439-680-6 C3034　　　　　　　定価は表紙に表示しています
※本書の全部または一部の複写・複製・転訳載等の一切を禁じます。これらの許諾については小社までご照会ください。